Conseils pour faire une activité de mathématique

D'abord, je réfléchis.

- Je lis la consigne.
  Je la redis dans mes mots.
- Je regarde les illustrations.
- Je pense à ce que je connais déjà.

Ensuite, je sais quoi faire.

- Je cherche des idées.
- J'utilise des stratégies.
- J'essaie plus d'une solution.

Enfin, je révise ma démarche.

- Je relis la consigne.
- Je vérifie si j'ai fait
  la tâche demandée.
- Je me félicite ou
  je recommence.

Conseils pour travailler en équipe

Je respecte les autres.

- Je leur parle calmement.
- Je partage le matériel avec eux.
- Je les encourage.

> Tu as une bonne idée Félix !

Je participe à la tâche.

- Je joue mon rôle.
- Je pose des questions.
- Je partage mes connaissances avec les autres.

Je persévère.

- J'accepte de me tromper.
- Je demande de l'aide.
- Je corrige si j'ai des erreurs.

> Peux-tu m'aider ?

> Il faut faire une addition.

Logibul 1®

Louise HALLÉ • André-Jean ROY

MATHÉMATIQUE 1er CYCLE • **MANUEL DE L'ÉLÈVE**

MODULO

Chargé de projet : François Moreault
Maquette et couverture : Olena Lytvyn
Gestion et conception graphique : Lise Marceau
Infographie : Dominique Chabot, Suzanne L'Heureux, Lise Marceau
Révision linguistique : Suzanne Archambault
Correction d'épreuves : Suzanne Archambault, Dominique Lefort
Illustrations : Diane Mongeau, Jean Morin

Nous reconnaissons l'aide financière du gouvernement du Canada
par l'entremise du Programme d'Aide au Développement de
l'Industrie de l'Édition (PADIÉ) pour nos activités d'édition.

Logibul 1
(Manuel de l'élève)

© Modulo Éditeur, 2001
233, av. Dunbar, bureau 300
Mont-Royal (Québec)
Canada   H3P 2H4
Téléphone : (514) 738-9818 / 1-888-738-9818
Télécopieur : (514) 738-5838 / 1-888-273-5247
Site Internet : www.modulo.ca

Dépôt légal — Bibliothèque nationale du Québec, 2001
Bibliothèque nationale du Canada, 2001
ISBN 2-89113-**812**-0

DANGER
LE
PHOTOCOPILLAGE
TUE LE LIVRE

Imprimé au Canada
1 2 3 4 5   05 04 03 02 01

Table des matières

Qui est-il ?

Observe les illustrations. Dis ce que tu vois.

 # La cour d'école

CRAC

Qu'est-ce qui se passe ?

Situation 1

1 a) Y a-t-il plus de  qu'il y a de ?

 b) Y a-t-il autant de qu'il y a de ?

 c) Y a-t-il moins de qu'il y a de ?

2 a) Prends autant de jetons qu'il y a de .

 As-tu plus de jetons ou moins de jetons
 que les élèves de ton équipe ?

 b) Dis-leur pourquoi.

3 a) Prends plus de jetons qu'il y a d'enfants dans la cour.

 As-tu autant de jetons que les élèves de ton équipe ?

 b) Dis-leur pourquoi.

 Comment fais-tu pour savoir s'il y a autant de filles que de garçons dans ta classe ?

Situation 1

Observe ce qui se passe dans la cour d'école.
Que remarques-tu ?

Bonjour, je m'appelle Logibul !

Situation 2

Observe l'illustration du haut, à la page 4.

1 a) Que vois-tu devant ![ours] ? derrière lui ?

b) Qui est entre le ![ballon] et la ![boîte] ?

2 a) Est-ce que ![ours] est devant ou derrière ![fille] ?

b) Est-ce que la ![boîte] est devant ou derrière ![fille] ?

c) Dis ce qu'il y a entre ![fille] et ![ours].

3 a) Qu'est-ce qu'il y a derrière ![garçon] ? devant lui ?

b) Qui est devant ![fille] ?

Ferme les yeux. Dis ce qu'il y a devant toi. Dis ce qu'il y a derrière toi. Compare tes réponses avec celles d'un ou d'une élève.

Situation 2

Observe ce qui se passe. Qu'est-ce que Logibul fait
à la fenêtre ? Selon toi, que voit-il dans la classe ?

 # En classe

Mais où va Logibul ?

Situation 3

Observe l'illustration du haut, à la page 6.

1 a) Que vois-tu à la droite de  ? à sa gauche ?

　　b) 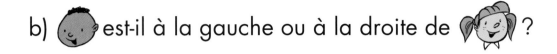 est-il à la gauche ou à la droite de  ?

2 a)  tient un livre. Dans quelle main ?
　　　Décris ce que tu vois à sa droite.

　　b) Qui vois-tu à la gauche de  ?

3 a) Qu'est-ce que  voit devant elle ?

　　b) Toi, que vois-tu derrière elle ?

4 Qui est entre  et la table ?

Comment fais-tu pour ne pas oublier où est ta gauche et où est ta droite ?
Dis-le à un ou une élève.

Situation 3

Observe les illustrations. Selon toi, que fait Logibul ?
À ton avis, y a-t-il beaucoup d'objets sur le comptoir ?

 # Le matériel de Logibul

Situation 4

I a) Nomme des objets qui sont devant .

b) Nomme des objets qui sont derrière elle.

2 a) Dans le magasin de , trouve les objets suivants :

b) Y en a-t-il un seul , peu ou beaucoup ?

3 a) Trouve les objets suivants :

b) Y en a-t-il aucun , peu ou plusieurs ?

 Présente ton matériel scolaire à un ou une élève. Pour en parler, utilise les mots : un seul, peu, beaucoup, aucun, plusieurs.

Situation 4

Félix, Léa et Logibul sont dans le coin de mathématique de leur classe. Observe ce qu'ils y font.

 # Un coin de mathématique

Situation 5

I Regarde l'illustration de la page I0.

   a) Prends autant de jetons qu'il y en a sur la table.

   Vérifie si tu as pris autant de jetons qu'un ou une élève de ton équipe.

   b) Prends autant de bâtonnets qu'il y en a sur la table.

   Vérifie si tu as pris autant de bâtonnets qu'un ou une élève.

   c) As-tu pris plus de jetons ou moins de jetons que de bâtonnets ?

   Vérifie ta réponse avec un ou une élève.

2 a) Prends peu de bâtonnets. As-tu autant de bâtonnets que Félix ?

   b) As-tu plus de bâtonnets qu'un ou une élève ? Dis-lui pourquoi.

3 a) Prends plusieurs jetons. As-tu plus de jetons que Léa ? Dis pourquoi à un ou une élève.

   b) Qui a le moins de jetons : l'autre élève ou toi ?

 Qu'aimerais-tu voir dans le coin de mathématique de ta classe ? Dis à quoi ces objets peuvent servir.

Observe l'illustration. Voici les moments d'une journée d'école de Félix. Raconte sa journée.

Une journée d'école

Est-ce que ta journée d'école ressemble à celle de Félix ?

Situation 6

Voici 3 autres façons de raconter la journée de Félix.

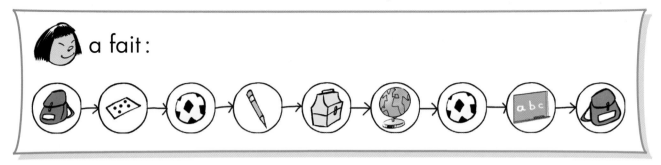

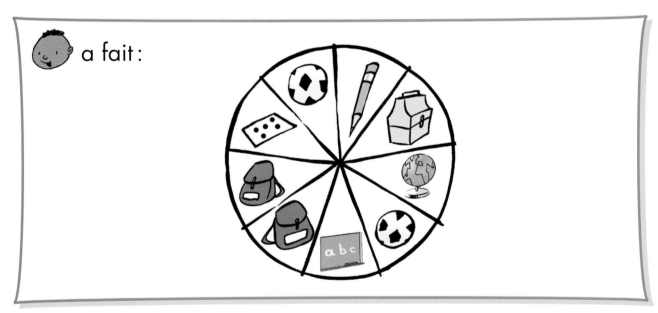

a) Ces 3 façons de raconter la journée de Félix sont-elles faciles à comprendre ?

b) Dis pourquoi aux élèves de ta classe.

Représente une journée d'école à l'aide d'un diagramme.

Observe l'illustration.
Comment les élèves arrivent-ils à l'école ?

Une enquête

Situation 7

Les élèves ont fait une enquête.
Voici leurs résultats.

1 Quels renseignements y a-t-il dans ce diagramme ?

2 Quel moyen est :

a) le plus utilisé ?   b) le moins utilisé ?

 Selon toi, quel moyen est le moins utilisé dans ta classe ? le plus utilisé ?
Comment vas-tu faire pour vérifier tes réponses ?

Léa, Hoa et Félix sont dans la forêt Mouchette.
Ils cherchent Logibul. Toi, sais-tu où il habite ?

 # Dans la forêt Mouchette

Situation 1

1 Dis ce que tu vois dans la forêt Mouchette.

2 Quelle étiquette correspond à l'ensemble de ces personnages ?

a une

a un

habite la

3 a) Observe les fleurs de la forêt Mouchette.
   Sont-elles toutes pareilles ?

b) Voici 3 bouquets de fleurs.
   Que remarques-tu ?

 Forme différents groupes avec les élèves de ta classe.

Les choses de Logibul sont éparpillées.
Léa peut-elle aider Logibul ? Comment ?

 # Quel désordre !

1 Trouve des façons de classer ces objets.
Explique tes classements.

Situation 2

2 a) Peux-tu classer les objets suivants dans tes ensembles ?

b) Combien d'objets as-tu maintenant dans chaque ensemble ?

3 Observe le dessin suivant :

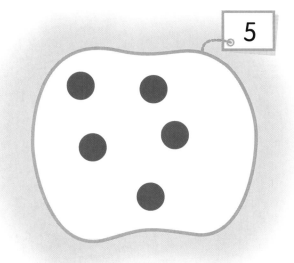

5

a) Peux-tu associer ce dessin à l'un de tes ensembles ?

b) Représente chacun de tes ensembles par un ensemble de jetons.

Regarde les objets du coin de mathématique de ta classe.
Peux-tu classer ces objets autrement ?

Logibul est capable de classer ses choses.
Décris ce que tu vois dans les étagères.

Les nombres jusqu'à 9

1   a) Compte les objets sur chacune des tablettes.

     b) Sur quelle tablette y a-t-il le plus d'objets ?

2   Sur chaque tablette de l'étagère jaune, combien de jouets peux-tu ajouter pour en avoir 5 ?

     Utilise des jetons si tu veux.

Situation 3

Logibul a 3 autocollants dans sa collection.
Il en reçoit 5 autres en cadeau.

Combien d'autocollants a-t-il maintenant?

J'utilise mon matériel pour représenter la situation.

1. Je représente les 3 autocollants par 3 jetons.

2. Je prends 5 autres jetons pour représenter le cadeau.

3. Je compte les jetons. Il y en a 8. Logibul a 8 autocollants.

3 plus 5 égalent 8.

Décris les 5 collections de Logibul.

Chaque objet à sa place

1 a) Trouve la collection qui a le plus d'éléments.
Combien d'éléments y a-t-il dans cette collection ?

b) Trouve la collection qui a le moins d'éléments.
Combien d'éléments y a-t-il dans cette collection ?

Situation 4

2 Peux-tu ajouter les objets suivants
dans les collections de Logibul ? Dis pourquoi.

3 Combien de cailloux Logibul doit-il ajouter à sa collection
pour en avoir autant qu'il a de :

a) fleurs ?   c) photos ?

b) autocollants ?   d) feuilles ?

 Observe les collections de ta classe. Vois-tu des situations
où tu peux dire « j'ajoute » ?

Situation 4

Révisons ensemble

● **Je suis capable de situer des objets ou des personnes autour de moi.**

Nomme ce qu'il y a autour de toi. Utilise les mots :
devant, **derrière**, **entre**, **à gauche**, **à droite**.

● **Je suis capable de comparer des ensembles.**

Compare ces ensembles avec les mots :
moins... que, **plus... que**, **autant... que**, **le moins**,
le plus.

AUTOUR DE MOI

◆ Parfois, je joue à compter des objets autour de moi.

Combien de fenêtres, de brosses à tableau, de chaises,
de portes, d'échelles y a-t-il dans ta classe ?

Révisons ensemble

● **Je suis capable de former des ensembles et de les décrire.**

Décris les ensembles suivants :

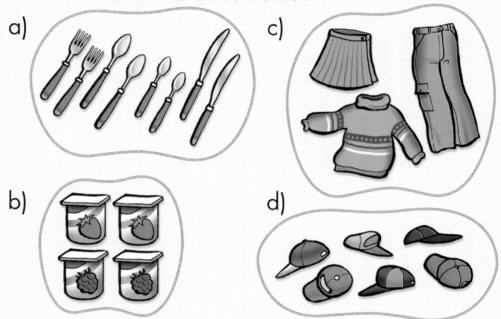

a)

c)

b)

d)

● **Je peux obtenir un nombre de plusieurs façons.**

Par exemple, I **plus** 3 **égalent** 4.

Trouve les autres façons d'obtenir 4.
Utilise du matériel si tu en as besoin.

POUR T'AMUSER

◆ Commence une collection de ton choix.
Présente-la à ta classe. Fais des échanges avec des amis.

◆ Invente des jeux avec des dominos.

Léa veut fêter l'anniversaire de son frère Alex.
D'après toi, que font Léa et ses amis ?
Toi, as-tu déjà préparé une fête ?

 # Des préparatifs de fête

1 a) Quel jour la fête va-t-elle avoir lieu ?

b) Combien de jours reste-t-il avant la fête ?

2 Combien d'enfants va-t-il y avoir à la fête ?

3 Imagine le déroulement de la fête à partir des dessins de Félix, Hoa et Logibul.

Amuse-toi avec le jeu de Logibul. Utilise la fiche qu'on te remet.

D'après toi, que font les enfants dans la cuisine ?

La cuisine chez Léa

1 Que fait Félix ?

2 a) Décris le contenu de l'armoire.

b) Selon toi, y a-t-il assez de choses pour la fête ?

3 a) Chez toi, as-tu déjà vu une personne écrire une liste ?

b) Pourquoi écrit-on une liste ?

Situation 2

4 À la fête, chaque enfant va avoir I chapeau, I flûte,
I verre, I assiette et I ballon.

a) Observe la page 28. Combien y a-t-il de :

- chapeaux ?
- verres ?
- ballons ?
- flûtes ?
- assiettes ?

b) Sers-toi de ton matériel pour compléter
la liste de Félix.

?	chapeaux
?	flûtes
?	verres
?	assiettes
?	ballons

5 Hoa a imaginé 3 façons de former un bouquet
de I0 ballons.

Trouve toutes les autres façons de former un bouquet
de I0 ballons avec des ballons rouges et des ballons
bleus. Utilise ton matériel si tu veux.

 De quel matériel as-tu besoin pour agrandir le jeu de Logibul ?
Écris la liste.

À ton avis, pourquoi Léa, sa mère et Logibul sont-ils à l'épicerie ?

 # À l'épicerie

1 Combien de litres de lait y a-t-il ?

2 Sur les tablettes, y a-t-il plus de canettes de jus que de litres de lait ?

Situation 3

3 a) Selon toi, Léa a-t-elle pris assez de pommes pour la fête ?

b) Explique pourquoi.

4 a) Dans le panier, y a-t-il assez de canettes de jus pour en donner 1 à chaque enfant pendant la fête ?

b) Léa doit prendre les canettes qui lui manquent. Combien de canettes va-t-il rester sur les tablettes ?

Quels sont les complémentaires de 7 ?

Je forme 1 ou 2 tours avec le même nombre de cubes.

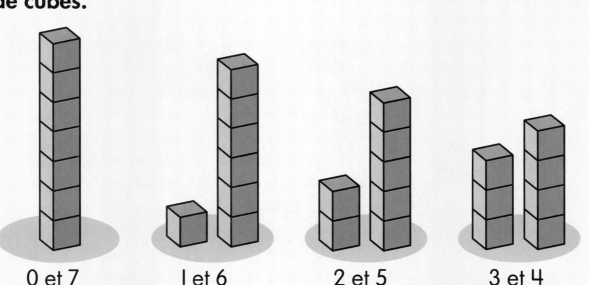

0 et 7   1 et 6   2 et 5   3 et 4

0 et **7** , **1** et **6** , **2** et **5** , **3** et **4**
sont des complémentaires de **7**.

Quand je cherche les complémentaires d'un nombre, je me rappelle ce moyen.

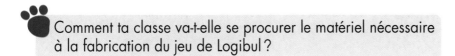
Comment ta classe va-t-elle se procurer le matériel nécessaire à la fabrication du jeu de Logibul ?

Que se passe-t-il à l'épicerie ? Observe les illustrations.

Une catastrophe à l'épicerie

Mais où est Logibul ?

0,59

Que font Léa et la caissière ? De quel objet la caissière se sert-elle pour son travail ? Pourquoi ?

Pendant ce temps...

Situation 4

1 a) Décris la forme des objets autour de Logibul.

b) Ressemblent-ils à des objets qui sont dans ta classe?

2 Quels solides du coin de mathématique te font penser aux objets qui sont:

a) autour de Logibul?   b) dans ta classe?

3 a) En équipe, classe des solides, des boîtes et d'autres objets de ta classe.

b) Explique tes classements aux autres élèves.

4 À l'aide de jetons, indique à quel solide chaque objet ressemble le plus.

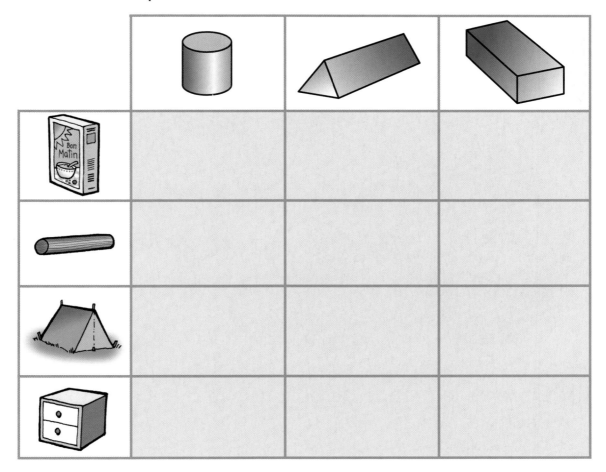

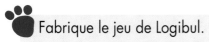
Fabrique le jeu de Logibul.

Aujourd'hui, c'est l'anniversaire d'Alex.
Que font Félix et Léa ?

Que la fête commence !

1 Observe le groupe de ballons fixé à la banderole.
Décris-le.

2 Léa et Félix vont faire un autre groupe de ballons.
Selon toi, à quoi va-t-il ressembler ? Dessine-le.

Situation 5

Voici tous les ballons que Léa et Félix avaient pour décorer.

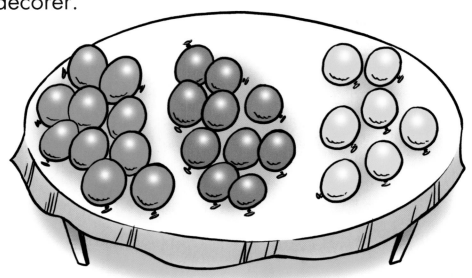

3 a) Combien de ballons bleus y a-t-il ? de ballons rouges ?

b) Combien de groupes de 10 ballons cela fait-il ?

4 a) Combien de ballons jaunes y a-t-il ?

b) Y en a-t-il assez pour faire un groupe de 10 ballons ?

5 Combien de ballons y a-t-il en tout ?

6 Félix a dessiné :

Selon toi, qu'a voulu dire Félix en faisant ce dessin ?

La fête est finie. Léa donne des ballons à ses amis qui s'en vont. Ensuite, elle va faire un peu de ménage avec Félix.

 # Après la fête

1 a) Observe les illustrations. Lis les phrases.

Léa a 5 ballons.

Merci Léa. Au revoir !

Léa donne 2 ballons à Logibul.

b) Combien de ballons Léa a-t-elle maintenant ?

2 Il y a 7 chapeaux sur une table. Léa enlève 2 chapeaux.

Combien de chapeaux reste-t-il sur la table ?

Il y a 6 canettes de jus sur une table.
Félix enlève 3 canettes. Combien
de canettes y a-t-il maintenant ?

Je représente la situation par un dessin.

1. Je représente les 6 canettes par 6 points.

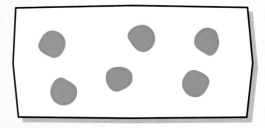

2. Je trace un ✗ sur les 3 canettes que Félix enlève.

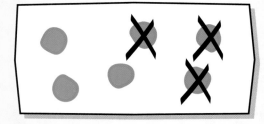

3. Je compte les points. Il reste 3 canettes.

Logibul revient en classe après quelques jours d'absence.
Il se demande ce que les autres élèves sont en train de faire.
Selon toi, pourquoi Logibul a-t-il été absent ?

 # Logibul revient en classe

1 Selon toi, que font les élèves ?

2 Décris le matériel qui se trouve sur la table de Hoa.

Quelles décorations aimerais-tu faire pour l'Halloween ?

Trois équipes de la classe de Logibul ont fabriqué des mobiles. Observe-les.

 # Trois mobiles amusants

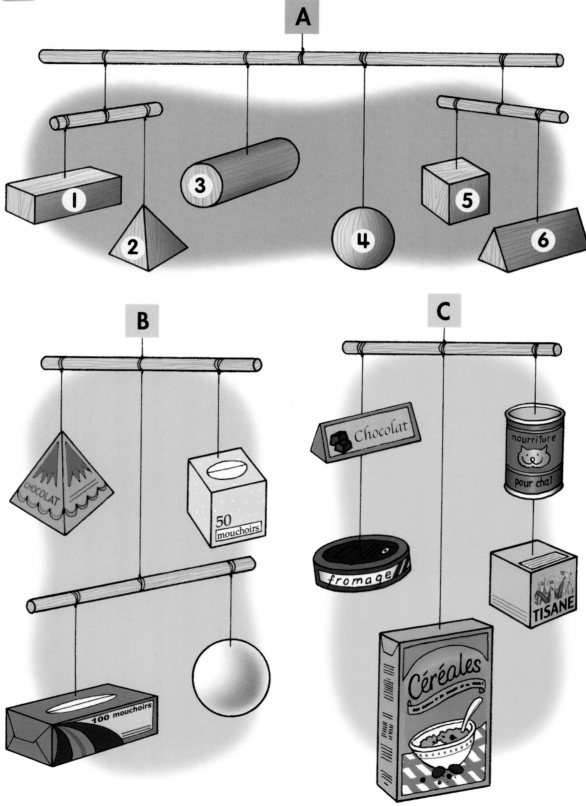

Situation 2

1 a) Décris les mobiles **A**, **B** et **C**.

b) Quelles ressemblances vois-tu entre ces mobiles ?
Y a-t-il des solides qui se ressemblent ?

2 Observe le mobile **B**. À quel solide du mobile **A** ressemble :

a) la boîte bleue ?

b) la boule ?

c) la boîte jaune ?

d) la boîte verte ?

3 En équipe, compare les boîtes du mobile **C** avec les solides du mobile **A**.

4 Dis sur quels solides tu vois :

a)

c)

e)

b)

d)

 As-tu déjà vu des solides ou des boîtes qui ont d'autres formes que celles illustrées plus haut ? Comment ces formes étaient-elles ?

L'équipe de Léa a fabriqué des banderoles.
Compare leur longueur.

 # Des banderoles

1 Indique 2 banderoles :

   a) plus longues que la banderole jaune;

   b) plus courtes que la banderole verte.

2 Indique une banderole plus longue que la banderole bleue et plus courte que la banderole orange.

3 Décris la banderole qui est :

   a) la plus longue;   b) la plus courte.

4 Avec quelles figures géométriques peux-tu compléter la banderole suivante ?

 Fabrique une banderole. Compare sa longueur à celles d'autres banderoles.

Situation 3

Avec son ami, Camille cherche les nombres qui manquent dans la grille. Comment s'y prend-elle ? Et toi, comment ferais-tu ?

Une grille de nombres

a) Trouve les nombres qui manquent dans la grille. Utilise tes propres stratégies.

b) Vérifie tes réponses avec un ou une élève.

c) Explique à toute la classe comment tu as trouvé les nombres.

Situation 4

Voici le montage que Félix a commencé à la maison.
Il l'a apporté en classe. Décris le montage de Félix.

 En ordre

En équipe, réponds aux questions.

1 a) Que doit faire Félix pour compléter son montage?

b) Quels sont les nombres qui manquent sur certains cartons?

2 Où Félix doit-il fixer les ficelles et le carton suivants?

3 Que doit faire Félix avant de fixer les ficelles et les cartons suivants?

Observe les 3 affiches. Compare les ensembles
qui sont sur chaque affiche. Que remarques-tu ?

 # Des symboles utiles

1 Que veulent dire les symboles <, > et = entre les nombres ?

2 Lis les phrases mathématiques suivantes :

a) 1 < 4   b) 7 > 3   c) 5 = 5

3 Trouve le symbole qui va à la place de chaque ?.

a) 6 ? 2   b) 2 ? 1   c) 8 ? 8

 Explique comment tu fais pour placer <, > ou = entre 2 nombres.

Situation 6

Logibul et ses amis se sont regroupés dans un coin de la classe. Que font-ils?

 # Qui dit vrai?

1 Selon toi, Logibul et ses amis ont-ils un problème?

2 Selon toi, qui a raison? Explique ton choix.

3 a) Les 4 amis n'arrivent pas au même nombre de pinces à linge. Pourquoi?

   b) Que peux-tu faire pour les aider?

Comment faire pour compter une grande quantité d'objets ?
Les 4 amis te proposent 3 solutions.

Quelle est la bonne solution ? Dis pourquoi.

Je connais un bon moyen pour compter.

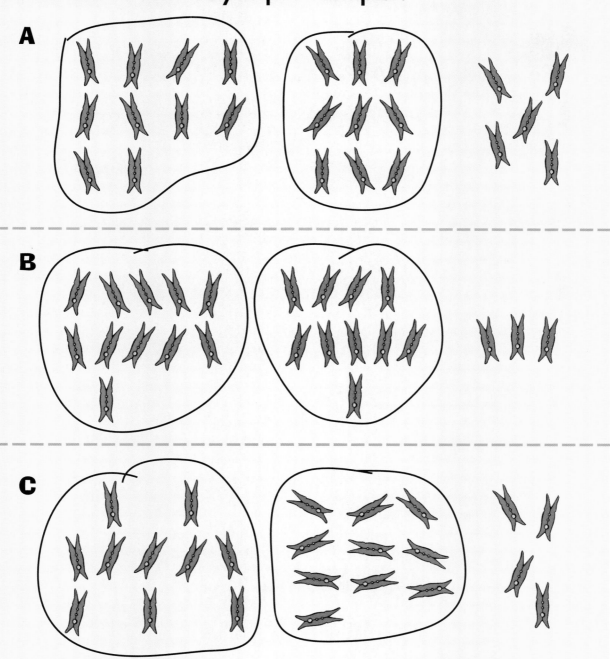

A

B

C

Pour compter des objets, je fais des groupes de 10.

Révisons ensemble

● **Je sais ce que veulent dire plus court et plus long.**

De quelle couleur est la corde la plus courte ? la plus longue ? Quelles cordes sont de même longueur ?

● **J'ai appris la signification des symboles <, > et =.**

Complète les phrases mathématiques à l'aide des nombres placés à gauche et à droite.

5
1   a) [?] > [?]   7
                                3

8   7
6   b) [?] < [?]   6

AUTOUR DE MOI

◆ Indique combien de manuels de mathématique, de romans, de chaises il y a dans ta classe.

Pour t'aider, fais des groupes de 10.

Révisons ensemble

- **Je suis capable de trouver des complémentaires.**

  Combien de points dois-tu ajouter sur chaque domino pour en avoir 10 en tout?

  a) [::] [?]   b) [?] [:]   c) [:::] [?]   d) [:::] [?]

- **Je suis capable de compter des objets et d'écrire combien il y en a.**

  Combien de papillons y a-t-il en tout?

  Il y a [?] groupes de 10 papillons et [?] papillons qui ne sont pas groupés. Il y a [?] papillons en tout.

POUR T'AMUSER

- ◆ Pour décorer ta chambre, fais un mobile avec des boîtes de différentes formes.

- ◆ Invente des jeux avec des cartes et les symboles <, > et =.

Observe l'illustration. Où est Logibul ?
Selon toi, qu'est-ce qui retient son attention ?

Autour du parc

Situation 1

1 Cache l'illustration de la page 50 avec une feuille.

    a) Combien as-tu vu de personnages dans cette illustration ? Note ce nombre.

    b) Selon toi, y a-t-il plus de personnages ou moins de personnages qu'il y a d'élèves dans ta classe ?

> **Tu viens de faire une estimation.**

2 Dis comment tu as fait pour estimer le nombre de personnages.

3 Vérifie ton estimation.
Enlève la feuille de l'illustration.

    a) Compte :
- les personnages qui sont à l'intérieur du parc;
- les personnages qui sont près du dépanneur;
- tous les autres personnages.

    b) Combien de groupes de 10 personnages cela fait-il en tout ? Au besoin, utilise ton matériel.

    c) Combien reste-t-il de personnages qui ne sont pas groupés ?

    d) Combien de personnages cela fait-il en tout ? Ce nombre est-il près de ton estimation ?

Logibul découvre des figures géométriques dans le parc.
Et toi, que remarques-tu ?

 # À la recherche de figures géométriques

1 Quelles figures reconnais-tu dans les objets du parc ?

A   B   C   D   E

Qu'est-ce que tu préfères dans un parc ? Imagine le parc de tes rêves.

Situation 2

2 a) Observe les panneaux de signalisation.

b) Combien de côtés chaque panneau a-t-il ?
Indique ta réponse à l'aide des nombres suivants :

1   2   3   4   5   6   7   8

3 À quel panneau de signalisation chacune des figures géométriques ressemble-t-elle le plus ?
Dis pourquoi à un ou une élève.

a)    b)    c)

 Selon toi, que signifient les panneaux qui figurent sur cette page ?

Situation 2

Observe comment on mesurait des longueurs il y a longtemps.

Des façons de mesurer

I l y a de cela très longtemps...

- On mesurait en pas.

- On mesurait aussi en coudées.

- On mesurait un objet court avec la paume ou avec la largeur d'un doigt ⊢🖐⊣.

Situation 3

1 Place-toi en équipe. Écoute les consignes qu'on te donne.

Mesurez la longueur:

a) de votre classe en pas;

b) du tableau en coudées;

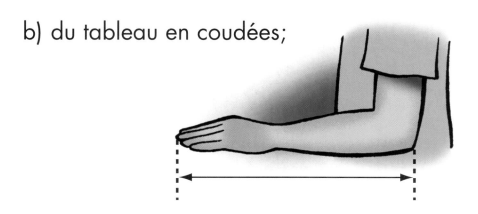

c) d'un pupitre en paumes;

d) d'un manuel en doigts.

Notez chaque résultat.

2 Comparez vos résultats à ceux des autres équipes.

Que remarquez-vous?

 À la prochaine récréation, mesure la longueur de la cour d'école en pas.

3 a) Observe les objets suivants :

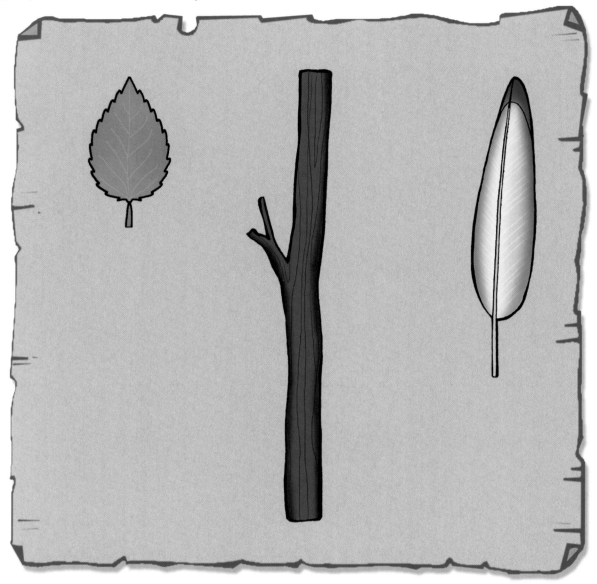

b) Mesure leur longueur avec des :

- trombones;
- jetons;
- cubes;
- réglettes jaunes.

c) Compare tes résultats à ceux des autres élèves. Que remarques-tu ?

À ta prochaine sortie au parc, mesure la longueur d'un banc avec un objet de ton choix.

Près du parc, il se passe des choses.
À toi de les découvrir.

 # Que s'est-il passé ?

1 Observe les 2 illustrations. Selon toi, que s'est-il passé ?

 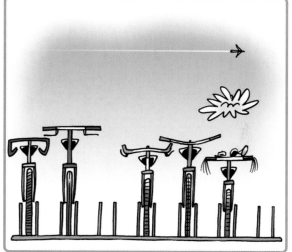

2 a) Remplace chaque ? par le nombre qui convient.

Il y avait ? bicyclettes dans le support.

? bicyclettes s'ajoutent.

Il y a maintenant ? bicyclettes.

Tu peux aussi dire :
2 plus 3 égalent 5.

b) Remplace **plus** par le signe **+** et **égalent** par le signe **=**.
Qu'obtiens-tu ?

Tu viens de faire une addition.

Je sais quand faire une addition.

1. J'observe la situation.

2. Je décris la situation avec des nombres.

Il y avait ⟨?⟩ autos dans le stationnement.

⟨?⟩ autos s'ajoutent.

Il y a maintenant ⟨?⟩ autos.

3. Je dis :

4 plus 2 égalent 6.

4. J'écris :

4 + 2 = 6

3 Observe les situations **A** et **B**. Pour chacune d'elles,

a) raconte ce qui s'est passé;

b) exprime-le à l'aide d'une addition.

A

B

Situation 4

Observe l'illustration. Selon toi, que se passe-t-il dans la classe de Logibul?

Le dernier mois de l'année

1 a) Quel est le dernier mois de l'année?

b) Combien de jours y a-t-il dans ce mois?

2 a) Repère la date d'aujourd'hui sur le calendrier de ta classe. Combien de jours reste-t-il avant Noël?

b) Combien de jours y a-t-il dans un mois?

c) Combien de mois y a-t-il dans une année?

Situation 1

3 Logibul et ses amis ont dessiné des cartes de vœux.

Nomme les figures géométriques qu'il y a sur chaque carte.

| carré | rectangle | triangle | cercle | losange |

4 Léa a collé des morceaux de papier sur sa carte.

a) Quelle forme a chaque morceau ?

b) Observe les couleurs des morceaux de papier.
Que remarques-tu ?

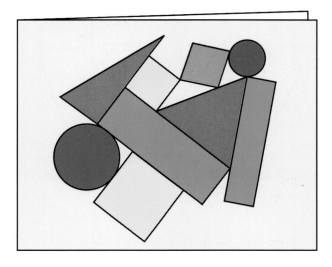

 As-tu d'autres idées pour créer une carte de vœux ?

Félix décore un mur de sa classe.
Observe ce qu'il fait. Que remarques-tu ?

 # De la suite dans les... dessins

1 Décris la frise que Félix construit.

2 a) Que vois-tu sur la table de Léa et Hoa ?

b) Dis à un ou une élève comment tu compléterais la frise.

Situation 2

3 Logibul a classé son matériel pour faire une frise.

Les étoiles	Les feuilles	Les baies

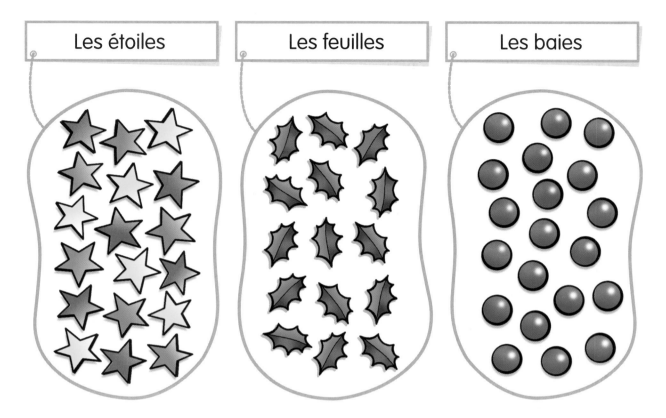

a) Estime le nombre d'éléments de chaque ensemble.

b) Compare tes estimations à celles d'un ou d'une élève. Ensemble, vérifiez vos estimations.

4 a) Observe la frise.

b) En équipe, trouve comment compléter cette frise.

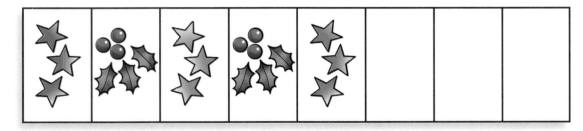

 En équipe, réalise une frise avec les dessins de ton choix. Décores-en un mur de ta classe.

Tu peux décorer et dessiner des cartes de vœux tout en t'amusant avec des nombres.

 # Guirlandes et autres fantaisies

1 Trouve les nombres qui manquent dans la suite.

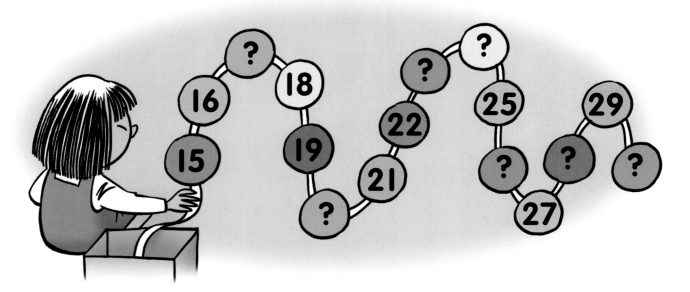

2 Indique où vont les sapins qui manquent à la guirlande.

3 Lis les nombres de 10 à 0 en les pointant.

 Fais une guirlande qui va te permettre de compter de 30 jusqu'à 0.

Situation 3

4 a) Combien de flocons dois-tu ajouter pour en avoir 9 sur chaque carte ?

b) Vérifie tes réponses avec un ou une élève. Utilise des jetons si tu en as besoin.

5 Trouve le nombre qui manque dans chaque ?.

a) 4 + ? = 9   b) 7 + ? = 9   c) 6 + ? = 9

6 Voici les cartes que Félix a dessinées pour sa famille.

Léa a dessiné 3 cartes de plus que Félix.

Hoa a dessiné 2 cartes de moins que Léa.

Combien de cartes Hoa a-t-elle dessinées ?

Situation 3

Léa, Logibul, Félix et Hoa rendent visite aux résidents d'un centre d'accueil. Selon toi, pourquoi les 4 amis ont-ils apporté des cartes de vœux?

Une visite au centre d'accueil

1 Pour chaque ami, indique:

    a) combien de cartes il ou elle a dans les mains;

    b) ce qu'il ou elle a fait avec ses cartes;

    c) combien de cartes il ou elle a apportées en tout.

2 a) Observe les illustrations suivantes :

b) Invente une histoire pour expliquer ce qui s'est passé.

3 Remplace chaque ? par le nombre qui convient.

Sur la table, il y avait ? boules.

Le chat a cassé ? boules.

Il y a maintenant ? boules sur la table.

Tu peux aussi dire :
5 moins 2 égalent 3.

🐾 À qui vas-tu donner une carte de vœux ?

Situation 4

Que font les élèves de la classe de Logibul ?

 **En partage**

1 Chaque élève a apporté son jus préféré pour compléter le panier de Noël. Ordonne les sortes de jus selon la préférence des élèves.

Situation 5

2 Quelles informations ce diagramme à bandes te donne-t-il?

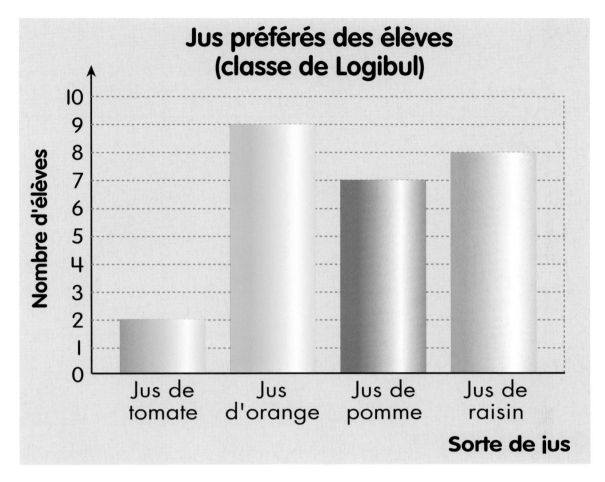

3 Combien d'élèves préfèrent le jus :

a) de tomate?   b) d'orange?   c) de raisin?

4 a) Y a-t-il plus d'élèves qui préfèrent le jus de raisin au jus de pomme?

b) Combien d'élèves de plus?

c) Quel jus est le moins aimé?

5 Trouve combien d'élèves ont participé à la cueillette de jus.

🐾 Que contient le panier de Noël de ta classe?
Exprime-le à l'aide d'un diagramme à bandes.

Révisons ensemble

● **Je suis capable de reconnaître des figures géométriques autour de moi.**

Associe chaque illustration à une figure géométrique.

| rectangle | cercle | losange | carré | triangle |

● **J'ai appris à additionner.**

Léa a collé 4 étoiles rouges et 6 étoiles vertes sur sa carte.

Combien d'étoiles a-t-elle collées ?

AUTOUR DE MOI

◆ Combien d'élèves y a-t-il dans ta classe ?
Compte à partir de ce nombre jusqu'à 0.

◆ Combien de touches y a-t-il sur le clavier de l'ordinateur ?
Compte à partir de ce nombre jusqu'à 0.

Révisons ensemble

● **Je peux faire une estimation.**

a) Y a-t-il plus d'étoiles ou plus de cadeaux ?

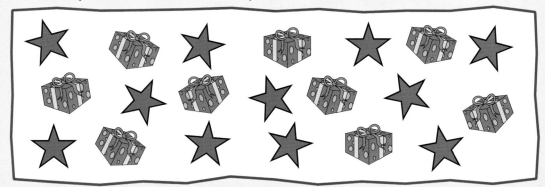

b) Vérifie ta réponse.

● **Je sais résoudre des problèmes.**

a) Combien de tuques Léa a-t-elle collées sur sa carte ?

b) Si les tuques vertes se décollent, combien de tuques va-t-il rester ?

c) Si les tuques jaunes se décollent, combien de tuques va-t-il rester ?

d) Si les tuques rouges et les tuques jaunes se décollent, combien de tuques va-t-il rester ?

POUR T'AMUSER

◆ Quand tu vois un sapin de Noël, estime le nombre de boules qu'il contient. Ensuite, vérifie ton estimation.

◆ Prends une poignée de jetons. Dépose-les sur une table. Estime le nombre de jetons. Vérifie ton estimation.

Logibul et ses amis jouent à un sport d'équipe. Connais-tu ce sport ?
Observe l'illustration. Décris le plus de choses que tu peux.

 # Bravo !

Situation 1

1 Décris ce que tu vois :

a) à l'intérieur de la patinoire;

b) à l'extérieur de la patinoire.

2 Quel est le numéro du joueur ou de la joueuse :

a) qui est en face du numéro 54 ?

b) qui est derrière le numéro 33 ?

c) qui est à la droite du numéro 11 ?

d) qui est dans le coin droit, en bas de l'illustration ?

e) que tu vois de face ? Dis son nom.

3 a) Combien de personnes y a-t-il derrière les buts ?

b) Combien de points a chaque équipe ?

c) Combien de points cela fait-il en tout ?

Fais comme nous : forme des équipes avec les élèves de ta classe.

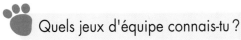
Quels jeux d'équipe connais-tu ?

Après la partie, nos amis se reposent. Ils l'ont bien mérité.

 # À l'aréna

1 Observe les illustrations. Selon toi, que se passe-t-il ?

2 a) Remplace chaque [?] par le nombre qui convient.

Il y avait [?] joueurs dans le vestiaire.

[?] joueurs sont partis.

Il reste [?] joueurs.

Tu peux aussi dire :
7 moins 2 égalent 5.

b) Remplace **moins** par le signe − et **égalent** par le signe =.
Qu'obtiens-tu ?

Tu viens de faire une soustraction.

Situation 2

Je sais faire une soustraction.

1. J'observe la situation.

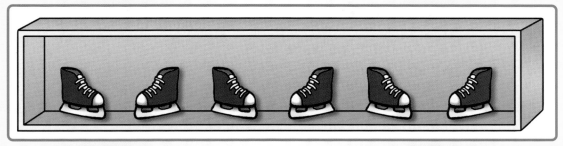

2. Je décris la situation avec des nombres.

Il y a ? patins sur l'étagère.

Quelqu'un a pris ? patins.

Il reste ? patins.

3. Je dis :

6 moins 2 égalent 4.

4. J'écris :

6 – 2 = 4

**Je connais 2 opérations arithmétiques :
l'addition et la soustraction.**

3 Observe les situations **A** et **B**.
Pour chacune d'elles,

    a) raconte ce qui s'est passé;

    b) exprime-le à l'aide d'une soustraction.

A

B

Situation 2

4 Félix a apporté des pommes. Il en a donné à ses amis.
Voici comment il a représenté cette situation.

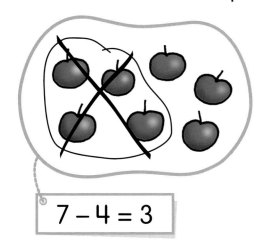

$$7 - 4 = 3$$

a) Explique son illustration
et sa soustraction.

b) Que pensent les autres
élèves de ton explication ?

5 À quelle illustration correspond chacune
des soustractions suivantes ?

$$6 - 1 = 5$$ $$8 - 0 = 8$$ $$6 - 4 = 2$$

a)
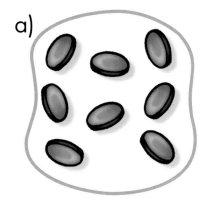

b)
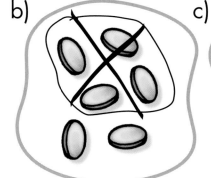

c)

6 Représente chaque soustraction par un dessin.

a) $10 - 3 = 7$

b) $5 - 1 = \boxed{?}$

c) $9 - 6 = 3$

d) $8 - 3 = \boxed{?}$

Bientôt, tu vas participer à un tournoi de mathématique.
Pour te préparer, revois les complémentaires des nombres 1 à 10.

Situation 2

Observe le contenu des étagères.

 # Une stratégie pour compter

1 Combien de casques y a-t-il en tout ?
Trouve ce nombre sans compter tous les casques un à un.

dizaines unités

Il y a [?]   [?] casques.

2 Combien de casques va-t-il y avoir en tout si :

    a) on enlève une rangée de casques
       dans la grande étagère ?
            d   u
            [?] [?]

    b) on ajoute une rangée de casques
       dans la grande étagère ?
            d   u
            [?] [?]

    c) on enlève tous les casques
       de la petite étagère ?
            d   u
            [?] [?]

Situation 3

Les élèves forment des équipes pour un tournoi de mathématique. Selon toi, comment font-ils ? Que fait Camille près du bocal ?

 # Formons des équipes

1 Selon toi, dans quelle équipe va être Camille ? Pourquoi ?

2 De quelle couleur était la bille pigée par : Félix ? Hoa ?

3 Observe les billes de ce bocal.

Si Camille pige 1 bille dans ce bocal, dans quelle équipe a-t-elle le plus de chances d'être ? Explique ta réponse.

 Forme 5 équipes avec les élèves de ta classe en vue du tournoi de mathématique.

Situation 4

Une fois les équipes formées, il faut des numéros pour les joueurs. Décris ce que tu vois sur l'illustration.

La ronde des numéros

1 Selon toi, comment font-ils pour trouver des numéros?

2 a) À ton avis, quel résultat a eu Léa? Hoa?

b) Selon toi, quel va être le numéro de Félix?

 Avec ton équipe, trouve ton numéro.

Situation 5

C'est l'heure du tournoi de mathématique.
Fais les activités proposées avec ton équipe.

 # Un tournoi

I Les Bleus et les Roses ont joué une partie de ballon.

Les équipes ont obtenu 6 points en tout.

Selon toi, combien de points chaque équipe a-t-elle eus ?

2 Voici les scores de 4 parties de hockey.

a)

Équipe A	Équipe C
6	3

c)

Équipe B	Équipe C
3	7

b)

Équipe D	Équipe E
0	6

d)

Équipe A	Équipe D
4	5

Combien de buts ont été comptés dans chaque partie ?

 En classe, prépare un tableau pour écrire les résultats des équipes.

3 Hoa s'exerce au calcul mental. Elle sait que c'est très utile.

3 + 1 = 4

a) Complète mentalement chaque table.

+1

3	5	9	0	2	8	4	6
4	?	?	?	?	?	?	?

−1

7	1	4	5	9	2	6	8
?	?	?	?	?	?	?	?

+2

0	1	2	3	4	5	6	7
?	?	?	?	?	?	?	?

+0

1	7	4	8	2	5	0	6
?	?	?	?	?	?	?	?

b) Recommence en essayant de répondre plus rapidement.

Demande de l'aide si tu en as besoin.

Situation 6

4 Que remarques-tu quand :

a) tu ajoutes 1 à un nombre ?

b) tu enlèves 1 à un nombre ?

c) tu ajoutes 0 à un nombre ?

5 a) Observe l'illustration.

b) Il y a des spectateurs qui ne pourront pas s'asseoir.

Combien ?

6 Voici le tableau des points de 3 équipes pendant un tournoi de ballon.

	Équipe A	Équipe B	Équipe C
1re partie	1	0	3
2e partie	1	3	2
3e partie	2	3	0

a) Combien de points chacune des équipes a-t-elle obtenus pendant le tournoi ?

b) Combien de points ont été obtenus en tout par les 3 équipes ?

7 La bouteille de Félix n'est pas la plus grande. Sa bouteille n'est pas à un bout de la rangée.

a) Quel est le numéro de la bouteille de Félix ?

b) Explique ta démarche aux élèves de ta classe.

8 Les Rouges et les Verts ont obtenu 9 points.

Selon toi, combien de points chacune de ces équipes a-t-elle obtenus?

Écris tous les résultats possibles.

9 Pour le dîner, les parents de Félix ont préparé 10 sandwichs.

Léa mange 1 sandwich. Logibul en mange 2. Hoa et Félix en mangent 3 en tout.

a) Combien de sandwichs reste-t-il?

b) Explique ta démarche.

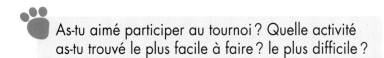 As-tu aimé participer au tournoi? Quelle activité as-tu trouvé le plus facile à faire? le plus difficile?

Logibul et Hoa ont découvert un instrument dans le coin de mathématique.
Ils l'explorent. Décris ce que tu vois sur l'illustration.

Un instrument nouveau

1 a) Que font Hoa et Logibul ?

b) As-tu déjà utilisé un instrument semblable ?
Selon toi, à quoi sert-il ?

c) Comment se nomme-t-il ?

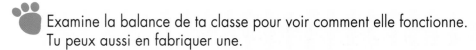 Examine la balance de ta classe pour voir comment elle fonctionne.
Tu peux aussi en fabriquer une.

Situation 1

2 En équipe, fais les expériences suivantes.

a) Place une gomme à effacer dans un des plateaux d'une balance.

b) Estime le nombre de trombones qu'il faut pour équilibrer la balance.

c) Vérifie ton estimation. Combien de trombones as-tu utilisés ?

d) L'équipe voisine a-t-elle obtenu le même résultat ? Pourquoi ?

Reprends la même démarche. Cette fois, utilise des jetons à la place des trombones.

3 Observe l'illustration.

a) Combien de jetons Logibul doit-il utiliser pour équilibrer la balance ?

b) Utilise une balance pour vérifier ta réponse.

Situation 1

4 Que peut faire Logibul pour équilibrer la balance ?

Il peut :

- ajouter 3 cubes dans le plateau de gauche

OU

- enlever 3 cubes du plateau de droite.

| 2 + 3 = 5 | | 5 − 3 = 2 |

Ce sont des **égalités**.

5 Dis à un ou une élève comment faire pour équilibrer chaque balance. Exprime-le sous forme d'égalité.

a)   b)

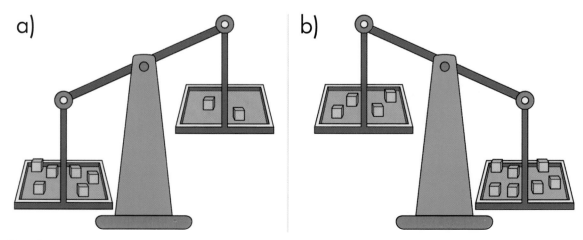

Situation 1

6 Trouve le nombre qui manque dans chaque ? .

a) ? + 3 = 9

c) 5 = 5 − ?

b) 6 − ? = 5

d) 7 + ? = 10

Je place le signe = entre 2 quantités égales.

Le signe = veut dire « est égal à ».

Observe les exemples suivants.

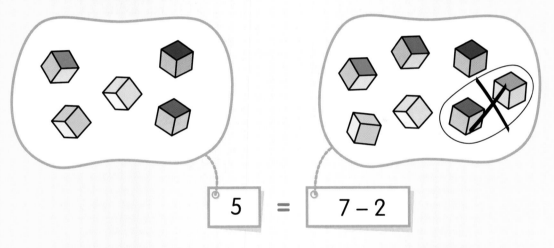

5 = 7 − 2

5, c'est la même quantité que **7 − 2**.

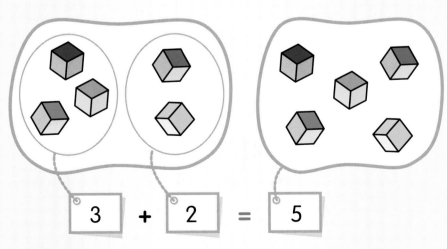

3 + 2 = 5

3 + 2, c'est la même quantité que **5**.

Situation 1

Camille a invité Léa à dîner chez elle. Pendant la préparation du repas, les 2 amies se posent des questions. Observe ce qu'elles font.

Une expérience culinaire

1 a) Selon toi, que veulent savoir Camille et Léa?

b) Que leur suggères-tu de faire pour compter une grande quantité d'objets?

2 Fais l'expérience de Camille et Léa.

a) Remplis un contenant avec des macaronis et un autre contenant avec des haricots.

b) Estime le nombre de macaronis.
Estime le nombre de haricots.

c) Vérifie tes estimations. Quelle stratégie as-tu employée?

3 Observe le moyen que Camille et Léa ont trouvé pour compter les aliments.

Il y a 10 macaronis dans chaque contenant.

Il y a 10 haricots dans chaque contenant.

a) Pour chaque aliment, dis combien :

- il y a de dizaines;
- il reste d'unités.

b) Sur une feuille, écris le nombre total de :

- macaronis;
- haricots.

c) Pour chaque aliment, quel nombre obtiens-tu s'il y a :

- I unité de plus ?
- I dizaine de plus ?
- I unité de moins ?

 Refais une expérience semblable avec d'autres objets.

4 a) Combien de cubes y a-t-il en tout?

b) Quel nombre obtiens-tu s'il y a:

• I unité de plus?   • I dizaine de plus?

• I unité de moins?   • I dizaine de moins?

5 Sur une feuille, écris les nombres suivants en ordre croissant: 70, 63 et 87.

6 Sur une feuille, écris tous les nombres de:

a) 70 à 87;   b) 70 à 63.

7 Remplace chaque ? par un nombre qui convient.

a) 67 > ?   b) ? > 50   c) 70 < ? < 80

D'après toi, combien de grains de riz y a-t-il dans un verre?

Situation 2

Lis le texte. Observe l'illustration.

De bonnes idées

Il y a eu du verglas sur la forêt Mouchette. Félix doit être prudent, car c'est glissant.

1 a) Quel moyen Logibul a-t-il trouvé pour signaler un danger ?

b) Selon toi, est-ce un bon moyen ?

2 a) Félix croit que le panneau de Logibul devrait être rouge. Que penses-tu de son idée ?

b) Selon toi, y a-t-il une couleur qui est plus visible de loin ? Comment peux-tu le vérifier ?

c) Fais une expérience. Écoute les consignes.

 Dans ton école ou ta classe, y a-t-il un endroit où un panneau de signalisation serait utile ?

Situation 3

Logibul a tracé toutes sortes de figures avant de choisir la forme de son panneau de signalisation. Observe-les.

ATTENTION! GLISSANT!

Un jeu de formes

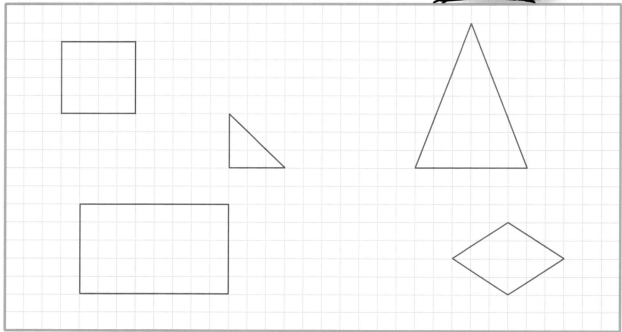

1 Sur les feuilles qu'on te remet, dessine ces figures :

   a) en respectant leur grandeur ;

   b) en plus petit ;

   c) en plus grand.

2 a) Compare tes figures à celles d'un ou d'une élève. Que remarques-tu ?

   b) Nomme les figures.

3 a) Accole 2 ou 3 de ces figures pour en créer une nouvelle.

Crée le plus de figures possible. Utilise la feuille qu'on te remet.

b) Compare tes figures à celles d'autres élèves.
Tes figures sont-elles différentes ?
Y en a-t-il des pareilles ?

c) Nomme les figures que tu reconnais. Demande aux autres élèves de nommer tes figures.

d) Comment fais-tu pour t'assurer qu'une figure est différente d'une autre ?

 Trouve une forme pour ton panneau de signalisation.

Situation 4

Révisons ensemble

● **Je sais quand utiliser le signe + et le signe −.**

Observe la situation. Raconte ce qui s'est passé.
Exprime-le à l'aide d'une opération.

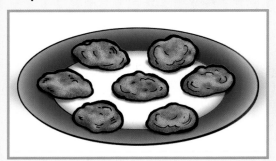 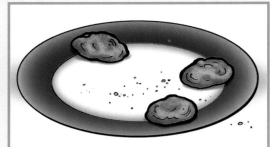

● **Je suis capable de compléter des égalités.**

Remplace chaque [?] par le nombre qui manque.

a) 4 + [?] = 5

b) [?] + 4 = 10

c) 7 = 2 + [?]

d) 9 − [?] = 1

e) 10 = 10 − [?]

f) [?] − 3 = 3

● **Je sais ce que signifient les mots intérieur et extérieur.**

a) Combien de pommes y a-t-il :
   - à l'intérieur du sac ?
   - à l'extérieur du sac ?

b) Félix a-t-il une chance
de piger une pomme rouge
dans le sac ? Pourquoi ?

POUR T'AMUSER

◆ Prends un dé. Donne un autre dé à un ou une élève.
Ensemble, lancez vos dés.
À partir du résultat obtenu, inventez une égalité. Écrivez-la.

Révisons ensemble

● **Je sais dénombrer une grande quantité d'objets.**

1. Combien de billes y a-t-il en tout ?

d u
[?] [?]

2. Il y a 10 boulons dans chaque sachet.

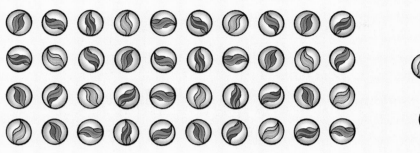

a) Combien de boulons y a-t-il en tout ?

d u
[?] [?]

b) Combien de boulons va-t-il y avoir si on ajoute :
• I sachet de boulons ?   • I boulon ?

AUTOUR DE MOI

◆ Chaque fois que tu peux, représente une situation du quotidien par une addition ou une soustraction.

Les élèves de la classe de Logibul reçoivent du courrier.
Des élèves d'une autre école leur ont écrit. Que fait Logibul ?

 # Du courrier

Voici les lettres adressées à Hoa, Félix, Logibul et Léa.

Salut, Hoa !

Je t'envoie un problème.

Nous avons des animaux à la maison.

J'ai compté 16 pattes en tout.

Trouve combien nous avons d'animaux à 4 pattes et d'animaux à 2 pattes.

J'ai hâte de recevoir ta réponse.

Anne

Cher Logibul,

Combien de pommes y a-t-il dans 5 douzaines de pommes ?

À bientôt,

Caro

Léa,

Mon livre préféré mesure 18 centimètres de long. Quelle est la longueur de ton livre préféré ?

Indique-moi aussi le titre de ton livre.

Merci !

Hugo

Bonjour, Félix !

Quel est le nom de ces solides ?

Écris-moi.

Samuel

1 a) Que contiennent les 4 lettres ?

b) Réponds à chaque lettre.

2 Logibul a récupéré des timbres pour sa collection.

Que remarques-tu ?

3 Observe les prix des timbres suivants :

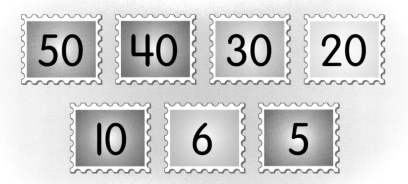

À partir de ces timbres, trouve le plus de façons possible d'obtenir la somme de :

a) 46 cents;   b) 55 cents.

 Cherche des idées pour composer un problème mathématique.

En regardant autour d'eux, Logibul et Hoa trouvent une idée pour composer un problème. Selon toi, quelle est leur idée?

 # Composer un problème

1 Observe l'illustration. En équipe,

a) raconte ce que les oiseaux font;

b) compose un problème à partir de ton récit;

c) présente le problème aux autres équipes.

 En équipe, trouve une situation qui va te servir à composer un problème.

Situation 2

2 Nos amis ont composé des problèmes.
À toi de les résoudre.

Bonjour, Anne !

Je t'envoie un problème. C'est une histoire vraie.

Mon père a acheté 5 fruits à l'épicerie.
Il y a des pommes et des oranges.
Il y a plus de pommes qu'il y a d'oranges.

Dessine les fruits.

J'ai hâte de recevoir ton dessin.

Hoa

Chère Zoé,

J'ai dessiné une tortue.

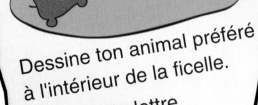

Dessine ton animal préféré
à l'intérieur de la ficelle.

J'attends ta lettre.

Camille

Comment vas-tu, Hugo ?
Moi, ça va bien en mathématique.
J'ai composé un problème pour toi.
Dans un bocal, il y avait 10 poissons rouges.
3 poissons sont morts.
Combien de poissons reste-t-il ?
Tu peux faire un dessin.
À bientôt !
Léa

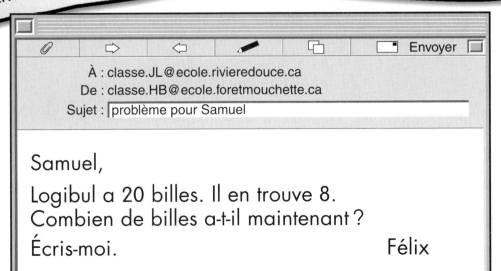

À : classe.JL@ecole.rivieredouce.ca
De : classe.HB@ecole.foretmouchette.ca
Sujet : problème pour Samuel

Samuel,

Logibul a 20 billes. Il en trouve 8.
Combien de billes a-t-il maintenant ?
Écris-moi.   Félix

Situation 2

Salut, Caro,

J'aime dessiner des objets avec des figures géométriques.

J'ai dessiné un autobus à l'ordinateur.

Trouve combien j'ai dessiné de carrés en tout.

Logibul

Bonjour, Nora,

En fin de semaine, j'ai fait des biscuits avec ma grande sœur Maria.

J'ai fait un tableau.

Nombre de biscuits que nous avons faits en fin de semaine.

	Maria	Moi
Samedi	8	5
Dimanche	5	7

Qui a fait le plus de biscuits : Maria ou moi ?

Roberta

Pour composer un nouveau problème, tu peux aussi changer des mots et des quantités à un problème que tu connais déjà.

 Compose un problème pour un ou une élève d'une autre classe.
Récris ton problème au propre pour le lui envoyer.

Situation 2

Les élèves se préparent à envoyer leurs lettres. L'enseignante a placé des enveloppes sur son bureau. Observe l'illustration.

 # Des enveloppes

1 a) Combien d'enveloppes y a-t-il en tout ?

b) Combien d'enveloppes va-t-il y avoir en tout si :
- on ajoute 10 enveloppes ?
- on enlève 10 enveloppes ?

Dis comment tu as fait.

2 Combien d'enveloppes va-t-il y avoir en tout

a) si on ajoute :
- 1 enveloppe ?
- 30 enveloppes ?
- 11 enveloppes ?

b) si on enlève :
- 4 enveloppes ?
- 20 enveloppes ?
- 24 enveloppes ?

Écris chaque égalité sur une feuille.

 Avec ta classe, décide comment les lettres seront expédiées.

Situation 3

Logibul a apporté en classe quelques timbres
de la forêt Mouchette. Observe-les.

 # Les timbres de Logibul

1 Trouve la valeur du 7 sur le timbre bleu.

2 a) Sur quel timbre le 8 a-t-il la plus grande valeur ?

b) Que vaut le 8 sur ce timbre ?

3 Sur le timbre rouge, quel 6 vaut :

a) le moins ? b) le plus ?

4 Compare le coût des timbres. Utilise les symboles < ou >.

a)   b)

5 Selon toi, combien le coûte-t-il ? Respecte les symboles.

 Apporte des timbres en classe. Examine-les avec d'autres élèves.
Qu'observes-tu ?

Situation 4

Camille et Félix mesurent la longueur d'une enveloppe.
Décris comment ils le font.

 # Des instruments de mesure

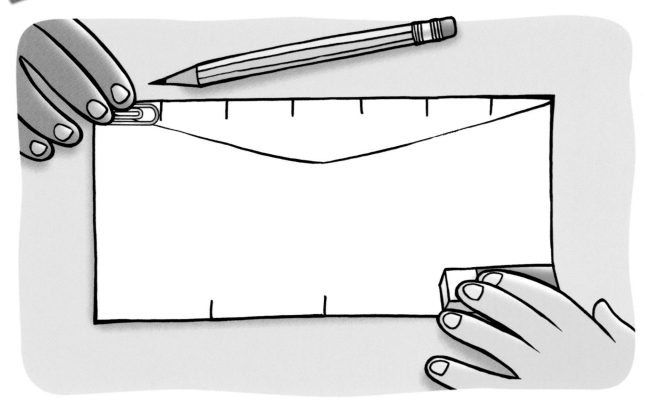

1 Selon toi, Camille et Félix obtiennent-ils le même résultat de mesure ? Dis pourquoi.

2 a) Avec ta gomme à effacer, mesure l'enveloppe qu'on te remet. Note ton résultat.

   b) Obtiens-tu le même résultat que les autres élèves de ta classe ? Pourquoi ?

3 As-tu déjà vu un ou une adulte mesurer un objet à la maison ?
   Avec quel instrument de mesure ?

Situation 5

4 a) Mesure cette enveloppe avec une règle.

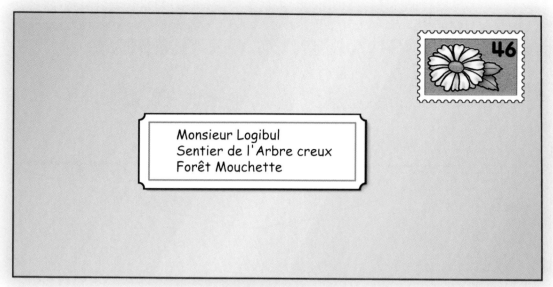

b) Compare ta mesure à celle des autres élèves. Obtenez-vous le même résultat ? Pourquoi ?

J'utilise ma règle.

Fais comme Camille.

L'unité de mesure que tu as utilisée est le **centimètre**.

Centimètre peut s'écrire **cm**.

Ce trait : —— mesure 1 cm de long.

5 Avec ta règle, mesure :

a) 1 réglette blanche ;

b) 7 réglettes blanches placées bout à bout.

Que remarques-tu ?

6 Mesure la longueur de ces objets avec ta règle.

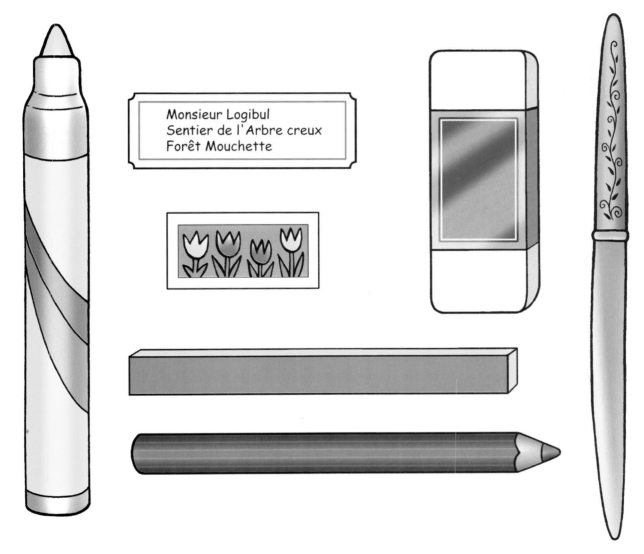

Monsieur Logibul
Sentier de l'Arbre creux
Forêt Mouchette

7 a) Mesure 3 objets qui sont autour de toi.

b) Comment mesures-tu un objet plus long que ta règle ?

🐾 À qui adresses-tu ton problème ? Prépare-toi à l'envoyer.

Félix, son père et Léa sont au bureau de poste.
Décris ce que tu vois.

 # Au bureau de poste

1 a) Selon toi, à quoi servent les casiers derrière le comptoir ?

b) Combien de casiers vois-tu ?

c) Selon toi, combien de casiers y a-t-il en tout ? Explique ta démarche.

2 a) As-tu déjà reçu une lettre ? Ta mère ou ton père en reçoivent-ils ?

b) Selon toi, comment une lettre voyage-t-elle ? Lui faut-il beaucoup de temps pour voyager ?

3 La factrice a distribué beaucoup de lettres cette semaine.

Observe le tableau.

Lettres distribuées cette semaine

	Avant-midi	Après-midi
Lundi	40	55
Mardi	66	92
Mercredi	89	60
Jeudi	71	37
Vendredi	27	42

a) À quel moment a-t-elle distribué :

- le moins de lettres ?

- le plus de lettres ?

b) Combien de lettres a-t-elle distribuées lundi ?

c) Écris les nombres de la deuxième colonne du tableau en ordre croissant.

4 Quel nombre vient immédiatement avant :

a) 40 ?   b) 71 ?   c) 55 ?

5 Quel nombre vient immédiatement après :

a) 69 ?   b) 89 ?   c) 27 ?

 Prépare des questions à poser à un facteur ou à une factrice.

C'est congé. Félix et Léa vont jouer avec Logibul. En route, quelque chose retient leur attention. De quoi s'agit-il?

 # En allant chez Logibul

1 a) Quand la course de tacots va-t-elle avoir lieu?

   b) À quel moment de la journée?

2 a) Jusqu'à quand Félix et Léa peuvent-ils s'inscrire à la course?

   b) Si ce jour est un jeudi, quel jour de la semaine la course va-t-elle avoir lieu?

3 Observe l'illustration et lis les règlements.

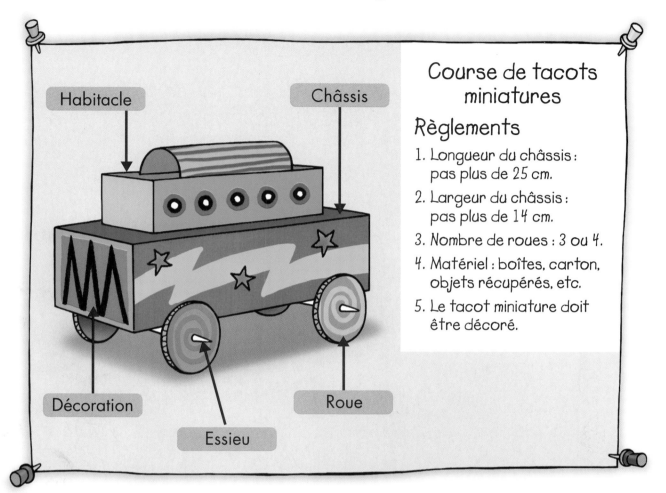

Habitacle

Châssis

Course de tacots miniatures

Règlements

1. Longueur du châssis : pas plus de 25 cm.
2. Largeur du châssis : pas plus de 14 cm.
3. Nombre de roues : 3 ou 4.
4. Matériel : boîtes, carton, objets récupérés, etc.
5. Le tacot miniature doit être décoré.

Décoration

Essieu

Roue

a) Quelles dimensions un tacot miniature peut-il avoir ?

b) Léa a trouvé une boîte qui a :
   • une longueur de 28 cm;
   • une largeur de 10 cm;
   • une hauteur de 12 cm.

   Léa peut-elle utiliser cette boîte pour construire son tacot ? Dis pourquoi.

c) Que peut faire Léa pour utiliser la boîte ?

 À la maison ou à l'école, trouve des rebuts que tu peux récupérer pour fabriquer un tacot miniature. De quels autres objets as-tu besoin ?

Situation 1

4 a) Observe les étapes de fabrication d'un tacot miniature. Décris-les.

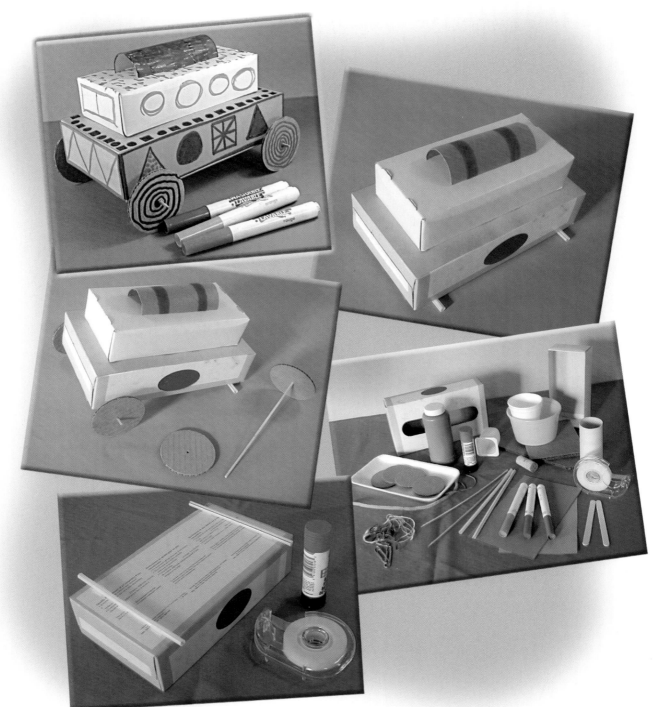

b) Dans quel ordre faut-il réaliser ces étapes ?

c) Selon toi, quelles autres étapes peut-il y avoir ?

Selon toi, comment organise-t-on une course de tacots miniatures à l'école ? Prépare un calendrier des activités.

Félix et Léa ont rassemblé du matériel pour fabriquer leur tacot.
Ils observent la forme d'une boîte.

 # Inventeurs, au travail !

1 a) Observe comment Félix et Léa regardent leur boîte.

b) Comme Félix et Léa, observe toutes les faces
des boîtes ou des solides qu'on te remet.

c) Associe les faces que tu vois aux figures suivantes :

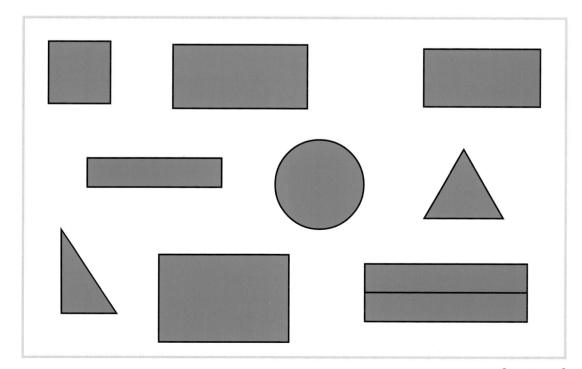

2 Léa et Félix ont décidé que l'habitacle de leur tacot va être comme ce solide.

Léa et Félix ont défait 3 boîtes. Observe les formes qu'ils ont obtenues. Quelle forme correspond au solide ?

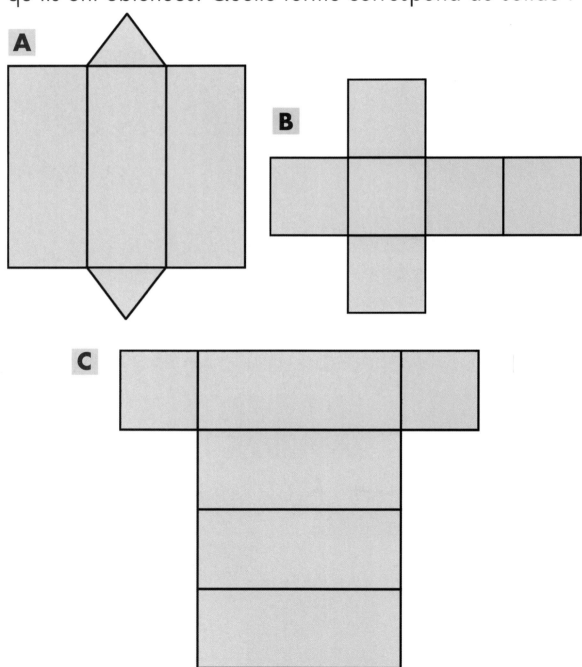

A

B

C

 Défais une boîte de carton. Observe la forme que tu obtiens.

3 Félix a beaucoup d'idées pour décorer son tacot.

En voyant ces dessins, Léa a eu d'autres idées.

a) Selon toi, comment Félix et Léa ont-ils créé leurs
   dessins ? Reproduis un de ces dessins sur une feuille.

b) Invente d'autres dessins avec les membres
   de ton équipe.

 Décore ton tacot miniature en y mettant ton sens artistique.

Observe les véhicules. Les connais-tu ?

Rouler sur 1, 2, 3 ou 4 roues

1 Combien de roues chaque véhicule a-t-il ?

| monocycle | bicyclette | tricycle | auto |

2 Pour chaque étiquette, dis combien de roues cela fait en tout quand il y a :

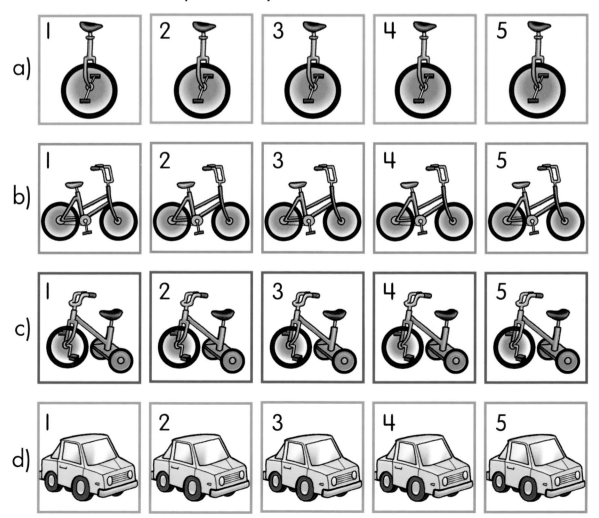

Situation 3

Tout comme toi, Logibul a une calculatrice.
Il veut l'apporter à l'exposition de tacots.

Ma calculatrice

1 Prends ta calculatrice.
Dis ce que tu sais
à son sujet.

2 Appuie sur chaque série de touches à l'aide
de ta calculatrice. Que remarques-tu ?

a) $3 + 2 =$ c) $5 + 5 - 1 =$

b) $4 - 1 =$ d) $9 - 9 + 1 =$

3 Utilise ta calculatrice. Fais les calculs suivants :

a) $3 + 5 + 4 + 5 + 4 =$?

b) $10 + 10 + 10 + 10 + 10 + 5 =$?

c) $1000 + 1 =$?

d) $1000 - 1 =$?

e) $100 - 38 - 13 - 9 - 25 =$?

Compare tes résultats à ceux d'un ou d'une élève.
Si vous n'avez pas les mêmes résultats, trouvez
une explication.

Situation 4

Avant la course de tacots, il y a l'exposition. Les juges ont accordé des points à chaque équipe. Comment ont-ils jugé les tacots?

 # L'exposition de tacots

Félix et Léa

Logibul et Hoa

Aspect	Points
Respect des dimensions	5
Solidité	4
Originalité	4
Décoration	5
Matériel récupéré	4
Total	?

Aspect	Points
Respect des dimensions	4
Solidité	3
Originalité	5
Décoration	4
Matériel récupéré	4
Total	?

1 Quel tacot a obtenu:

a) le plus de points pour sa solidité?

b) le moins de points pour sa décoration?

2 a) Combien de points chaque tacot a-t-il eus au total?

b) Vérifie tes réponses à l'aide de ta calculatrice.

Situation 5

3 Observe ces 2 fiches.

Tacot A	
Aspect	**Points**
Respect des dimensions	4
Solidité	3
Originalité	3
Décoration	4
Matériel récupéré	4
Total	?

Tacot B	
Aspect	**Points**
Respect des dimensions	3
Solidité	?
Originalité	?
Décoration	4
Matériel récupéré	?
Total	?

Remplace chaque ? par le nombre qui convient.

a) Le tacot **B** a obtenu :

- 2 points de plus que le tacot **A** pour la solidité;

- autant de points que le tacot **A** pour l'originalité;

- 2 points de moins que le tacot **A** pour le matériel récupéré.

b) Combien de points chaque tacot a-t-il eus au total?

c) Vérifie toutes tes réponses à l'aide de ta calculatrice.

Évalue les tacots miniatures que toi et les autres élèves de ta classe avez faits.

Enfin, voilà le moment de la course !
Quel tacot va aller le plus loin ?

Un, deux, trois, partez !

Zut ! Il s'est
déjà arrêté.

1 a) Observe la piste. Que veulent dire les marques
et les nombres ?

b) Selon toi, combien de centimètres le tacot
a-t-il parcourus ?

c) Crois-tu que Hoa est satisfaite du résultat ? Pourquoi ?

Trouve des idées pour construire une piste.
Partage-les avec les élèves de ta classe.

2 Félix présente les résultats de la course à l'aide d'un diagramme à bandes. Observe ce diagramme.

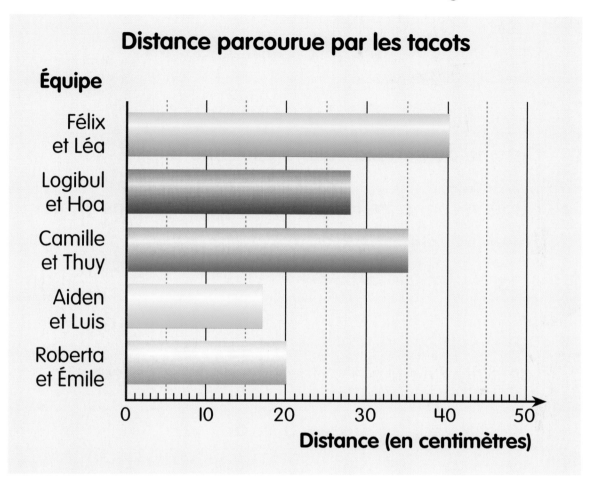

Distance parcourue par les tacots

a) Quel tacot a été le plus loin?

b) Quelle équipe s'est classée au dernier rang?

c) À quel rang Logibul et Hoa se sont-ils classés?

d) Quelle équipe s'est classée immédiatement avant Aiden et Luis?

e) Combien de centimètres le tacot de Camille et Thuy a-t-il parcourus de plus que celui de Roberta et Émile?

En classe, organise une course de tacots.
Présente les résultats de la course.

Situation 6

Révisons ensemble

- **Je sais résoudre un problème.**

  Dans une course, il y a 15 tacots rouges et 10 tacots bleus.

  Combien de tacots y a-t-il en tout ?

  Dessine ou écris ta solution sur une feuille.

- **Je sais reconnaître la valeur d'un chiffre dans un nombre.**

  Trouve la valeur de chaque chiffre rouge.

  a) **33**   b) **47**   c) **53**   d) **61**   e) **74**   f) **80**

- **Je suis capable d'additionner.**

  Complète une table d'addition comme celle-ci.

+	7	12	50	25	8	10	36	49	4
40	?	?	?	?	?	?	?	?	?
30	?	?	?	?	?	?	?	?	?

AUTOUR DE MOI

- ♦ Compose un problème à partir de l'illustration.

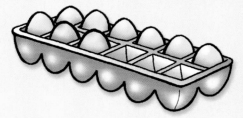

- ♦ En retournant à la maison, regarde autour de toi.
  Trouve une situation qui te permet de composer un problème.

Révisons ensemble

- **Je sais mesurer en centimètres.**

  Mesure, en centimètres, la longueur de chaque objet.

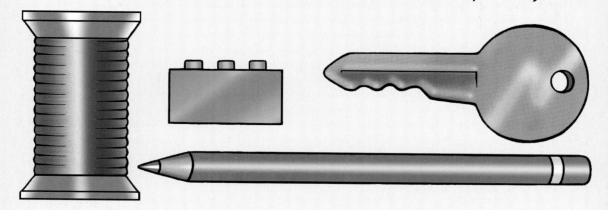

- **Je peux estimer la longueur d'un objet.**

  La brosse à tableau de ma classe mesure environ ? centimètres de long.

- **J'ai appris à reconnaître des solides.**

  Indique le solide qui correspond à cette forme.

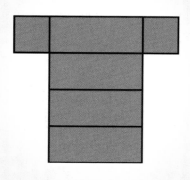

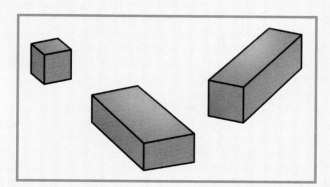

POUR T'AMUSER

♦ Utilise ta calculatrice pour trouver plusieurs façons de compléter l'égalité.

$$40 - \boxed{?} + \boxed{?} = 12$$

C'est dimanche. Félix et sa mère sont dans la cuisine.
Que font-ils ? Selon toi, quel est le moment de la journée ?

Un dimanche chez Félix

1 a) Quelle heure est-il quand Félix et sa mère :

• déjeunent ?   • préparent des biscuits ?

b) Combien de temps s'est-il passé entre
ces 2 moments ?

2 Nomme une de tes activités qui dure environ une demi-heure.

3 a) As-tu déjà fait des biscuits ? Lis cette recette.

b) Quelle est l'information qui indique une durée ?

c) Nomme une de tes activités qui dure :

- plus de 10 minutes;
- moins de 10 minutes.

BISCUITS SUCCULENTS

- 200 grammes de farine
- 1 pincée de sel
- 30 millilitres de levure chimique
- 1 œuf
- 150 grammes de beurre
- 200 grammes de sucre

Mélanger tous les ingrédients. Déposer le mélange en petites boules sur une plaque. Cuire à 200°C, environ 10 minutes.

4 a) Décris comment les biscuits sont placés.

b) Combien de biscuits y a-t-il en tout :

- sur cette plaque ?
- sur 2 plaques comme celle-ci ?

 Prépare un pique-nique à l'école.

La classe de Logibul fait un pique-nique aujourd'hui.
Observe l'horaire de cette journée de plein air.

La journée du pique-nique

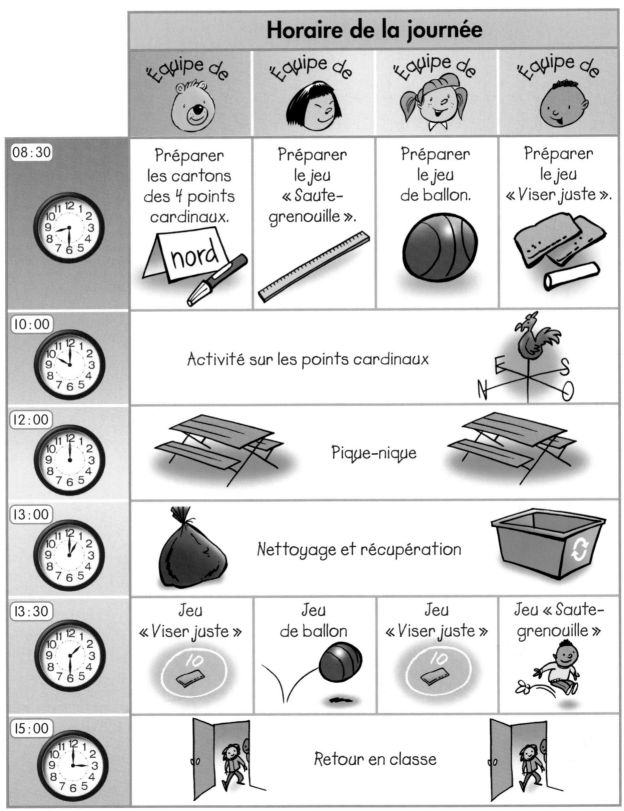

Situation 2

Consulte l'horaire.

1 À quelle heure :

a) la journée d'école commence-t-elle ?

b) le pique-nique prend-il fin ?

2 a) Que fait Félix pendant que Léa prépare le jeu de ballon ?

b) Que fait Logibul cet avant-midi ?

3 Indique l'heure où les élèves commencent :

a) le nettoyage;

b) l'activité sur les points cardinaux.

4 Combien de temps dure :

a) la préparation du jeu « Saute-grenouille » ?

b) le nettoyage ?

c) la période de jeux ?

d) le pique-nique ?

5 a) Quelle activité de l'horaire prend le moins de temps ?

b) Cette activité a-t-elle lieu en avant-midi ou en après-midi ?

6 Nomme une activité que toutes les équipes font en même temps.

Avec ta classe, prépare les cartons des 4 points cardinaux.

Des élèves ont apporté des sachets d'aliments pour le pique-nique.
À ton avis, que doit inclure un bon repas ?

 # Un goûter en sachet

1 Observe l'illustration. Il y a 10 morceaux de légume
dans chaque sachet.

a) Combien de groupes de 10 morceaux y a-t-il ?

b) Combien de morceaux non groupés reste-t-il ?

c) Combien de morceaux y a-t-il en tout ?

2 a) Que se passe-t-il si on ajoute 4 morceaux
de carotte ?

b) Combien de morceaux de légume cela fait-il en tout ?

Situation 3

3 a) Observe les sachets de Logibul, Félix, Hoa et Léa.

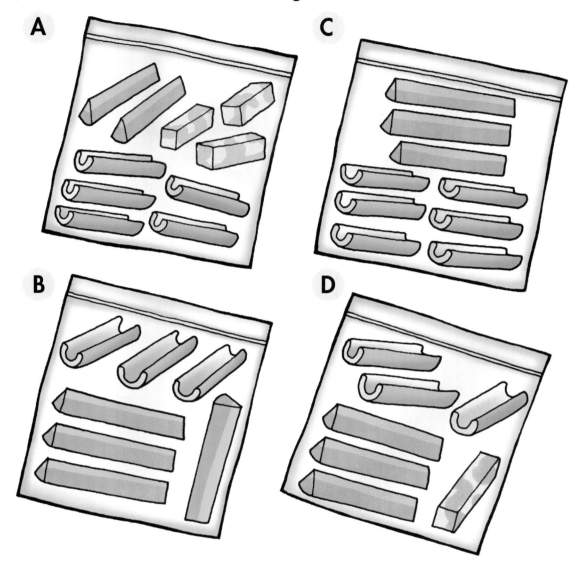

b) Trouve à qui chaque sachet appartient.
   Voici des indices :

   • Hoa n'aime pas le fromage.

   • Léa et Logibul ont le même nombre de bâtonnets
     de carotte dans leur sachet.

   • Félix a plus de bâtonnets de céleri dans son sachet
     que Léa.

c) Compare ta réponse à celle d'un ou d'une élève.
   Es-tu d'accord avec sa réponse ?

Situation 3

Pour faire les activités 4, 5 et 6, tu dois observer les sachets de Miguel et de Yasmine.

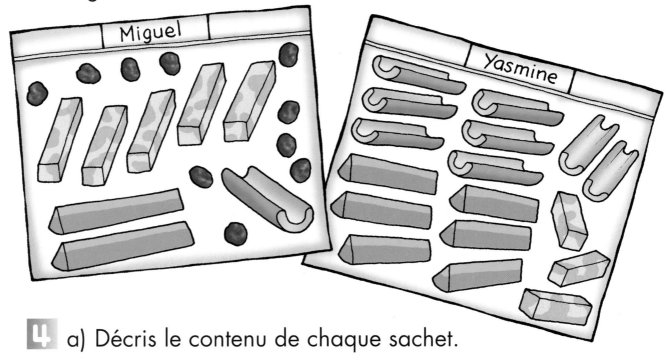

4 a) Décris le contenu de chaque sachet.

b) Miguel veut que son sachet contienne les mêmes aliments que le sachet de Yasmine.

Trouve le nombre d'aliments que Miguel doit enlever de son sachet ou y ajouter.
Indique-le à l'aide d'opérations.

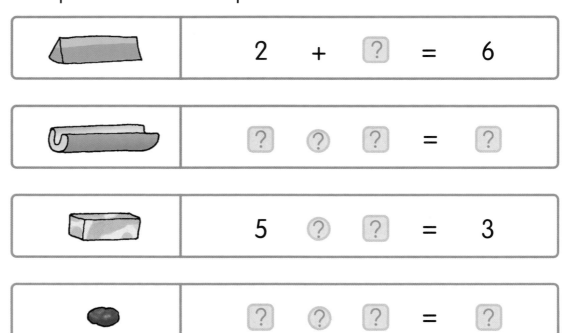

5 Le sachet de Nour contient tout ce qu'il y a dans celui de Miguel et de Yasmine.

Qu'est-ce que Nour a mis dans son sachet ?
Trouve ta solution à l'aide d'une opération.

6 Combien d'aliments de chaque sorte faut-il pour préparer des sachets comme celui de Miguel ?

	I sachet	2 sachets	3 sachets	4 sachets	5 sachets	6 sachets
	2	?	?	?	?	?
	I	?	?	?	?	?
	5	?	?	?	?	?
	10	?	?	?	?	?

7 L'enseignante a préparé des brochettes de fruit.

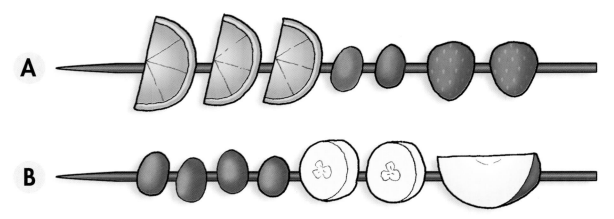

Décris les brochettes. Compare-les à l'aide des mots suivants : **plus**, **autant**, **moins**.

Il y a plusieurs moments dans une journée.
À quel moment es-tu en récréation? À quelle heure?

Le temps et l'espace

1 a) Décris les illustrations.

b) Indique une heure
pour chaque moment
de la journée.

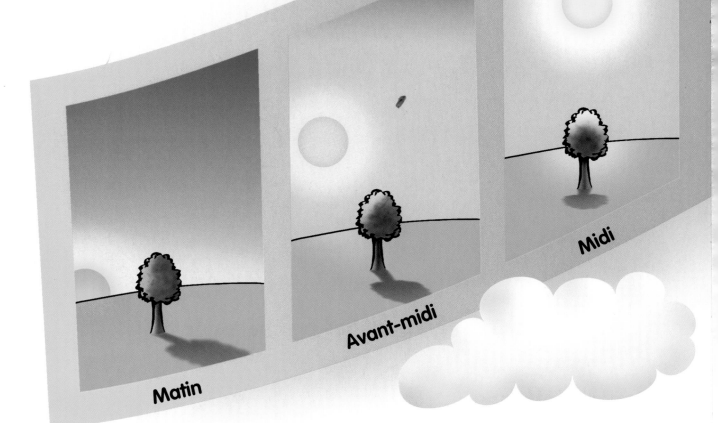

Matin

Avant-midi

Midi

2 Que fais-tu pendant une journée:

a) de semaine?   b) de fin de semaine?

Donne un exemple d'activité pour chaque moment
de la journée.

Situation 4

Après-midi   **Soir**   **Nuit**

3 Léa participe à l'activité sur les points cardinaux.

a) Connais-tu les
   4 points cardinaux ?

Je me lève à l'est.
Je me couche à l'ouest.
Le midi, je suis
au sud.

est   sud   nord   ouest

b) À quel moment l'activité de Léa a-t-elle lieu ?

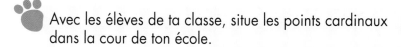

Avec les élèves de ta classe, situe les points cardinaux
dans la cour de ton école.

Situation 4

Léa a terminé de jouer au jeu « Viser juste ».
Combien de pochettes a-t-elle lancées ?

 # Viser juste

1 a) Selon toi, comment joue-t-on à ce jeu ?

b) Combien de points Léa a-t-elle eus ?

c) Si Léa reprend son tour, comment peut-elle obtenir plus de points ?

Situation 5

Voici 2 tableaux des points au jeu « Viser juste ».

Équipe de Logibul

	Points
Logibul	25
Kim	35
Lucie	5
Luc	20

Équipe de Léa

	Points
Camille	35
Émile	20
Léa	10
Paulo	?

2 Pour compter ses points, Logibul a écrit cette équation :

$$10 + 5 + 5 + 5 = \boxed{?}$$

Trouve la solution.

3 a) Compte les points de Paulo.
Écris l'équation.
Trouve la solution.

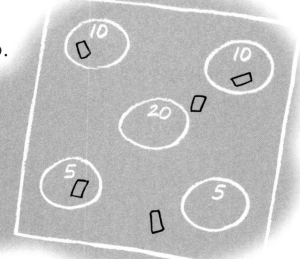

b) Trouve d'autres façons d'obtenir le même nombre de points. Écris tes équations.
Compare-les avec celles d'autres élèves.

4 a) Quelle équipe a obtenu le plus de points ?
Trouve la réponse sans faire de calcul.

b) Compare ta réponse avec celle d'autres élèves.

c) Vérifie ta réponse à l'aide d'une calculatrice.

La période de jeux se poursuit. Félix joue à « Saute-grenouille ».
Observe l'illustration. Selon toi, comment joue-t-on à ce jeu ?

Saute-grenouille

1 Observe le tableau des résultats.

	Résultat (en cm)
Soah	85
Henri	79
Isa	99
Félix	89

a) Qui a sauté le plus loin ?

b) Qui arrive au dernier rang ?

c) À quel rang Félix se classe-t-il ?

2 a) Combien de centimètres manque-t-il à Félix
pour arriver au premier rang ?

b) Si son résultat était de 10 cm de moins, à quel rang
se classerait-il ?

3 Quelle différence, en centimètres, y a-t-il entre
les résultats de :

a) Henri et Félix ?   b) Henri et Isa ?

 Joue à « Saute-grenouille ». Mesure la longueur de ton saut.

Situation 6

4 Jouer, cela creuse l'appétit! Nos amis méritent
   une bonne collation.

   a) Observe l'illustration.

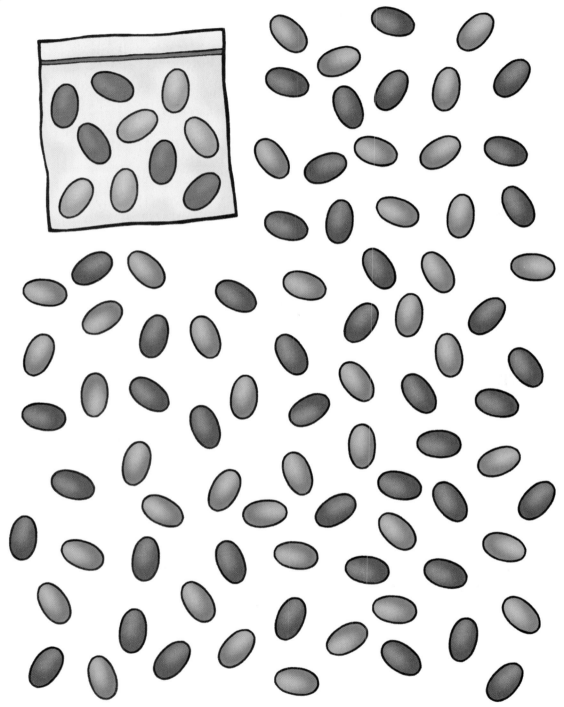

   b) Compte les raisins qui sont dans le sachet.

      Estime combien de raisins il y a en tout.

Quoi faire quand il pleut ? Logibul et ses amis ont inventé des jeux pour s'amuser les jours de pluie. Joue avec eux !

La dégringolade

1 Pour préparer un jeu, Léa a commencé une grille de nombres.

0	1	2	3	4	5	6	7	8	9
10	11	12	13	14	15	16	17	18	19
20	21	22	23	24	25	26	27	28	29
30	31	32	33	34	35	36	37	38	39
40	41	42	43	44	45	46	47	48	49
50	51	52	53	54	55	56	57	58	59
60	61	62	63	64	65	66	67	68	69
70	71	72							

a) Quel est le dernier nombre qu'elle a écrit ?

b) Trouve les nombres qui manquent dans la grille.

2 Complète la suite de nombres.

90 , ? , 88 , ? , ? , 85 , ? , ? , ? , ? , 80

Construis une grille de nombres de 0 à 100. Utilise la fiche qu'on te remet.

Situation 1

3 Les 3 amis jouent à la dégringolade. Lis-en les règles.

La dégringolade

Matériel : cartes-nombres et grille de nombres (de 1 à 70).

Battre les cartes. En distribuer 5 à chaque personne, qui les place devant elle, côté nombre. Mettre le reste des cartes en pile.

Quand c'est ton tour :

• Pose sur la grille **une** de tes cartes-nombres qui vient immédiatement à la droite d'un nombre de la grille (ou d'une carte-nombre déjà en place). Si un nombre de la grille figure sur une de tes cartes, pose cette carte sur la case correspondante.

• Pige une carte-nombre dans la pile.

Le jeu prend fin quand une personne n'a plus de carte.

70						
	59					51
		48			42	
			37		33	
		26		24		
			15			
		6		4		1

a) Félix a les cartes 43, 25, 60, 58 et 7.
   Peut-il poser une carte sur la grille ? Si oui, indique où.

b) Logibul a 16, 37, 3, 64 et 19. Que doit-il faire ?

c) Léa a 66, 59, 17, 34 et 5. Peut-elle placer 2 cartes ?
   Explique ta réponse.

 Joue à la dégringolade avec une autre grille de nombres. Construis cette grille.

Situation 1

Félix et ses amis jouent au jeu Gibul. Ce jeu ressemble à un autre jeu que tu connais. Écoute les explications qu'on te donne.

 **Gibul !**

Pour jouer au Gibul, il faut une grille semblable à celle-ci et des cartes.

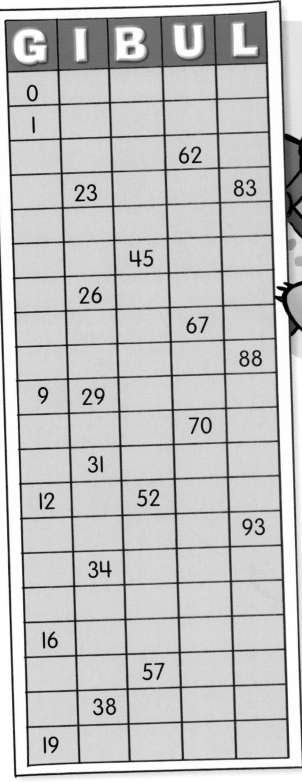

G	I	B	U	L
0				
1				
		62		
	23			83
		45		
	26			
			67	
				88
9	29			
			70	
	31			
12		52		
				93
	34			
16				
		57		
	38			
19				

I Observe la grille.

a) Indique dans quelles colonnes tu dois placer les nombres suivants :

68   42   60   79

b) Trouve les nombres qui manquent dans la colonne de ton choix.
Compare ta solution avec celle d'une ou d'un élève.

c) Complète la grille qu'on te remet.

Situation 2

2 Voici des nombres.

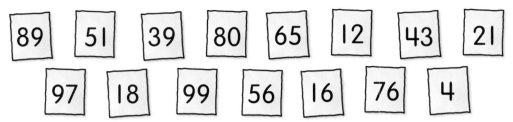

| 89 | 51 | 39 | 80 | 65 | 12 | 43 | 21 |

| 97 | 18 | 99 | 56 | 16 | 76 | 4 |

Écris ces nombres au bon endroit sur la carte Gibul qu'on te remet.

3 Logibul a pigé les nombres 16, 39, 71, 11, 1, 99, 65 et 48.
Félix et Léa ont caché ces nombres avec des jetons.
Selon toi, dans quelles colonnes ces nombres sont-ils ?

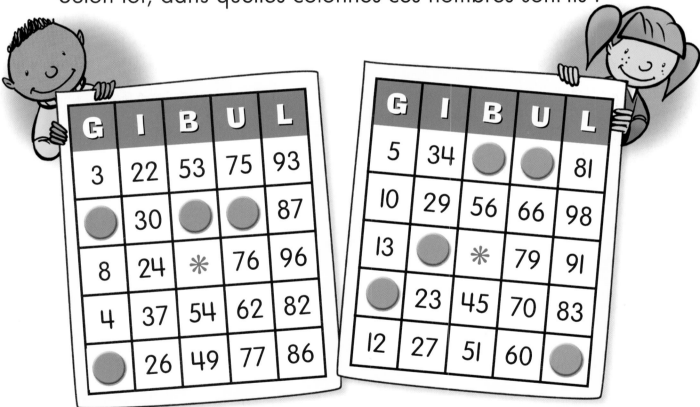

4 Félix prépare des cartes Gibul pour 2 classes de son école.

Il y a 24 élèves dans une classe et 25 élèves dans l'autre.

Combien de cartes Gibul Félix doit-il préparer ?

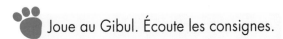

Joue au Gibul. Écoute les consignes.

Situation 2

Hoa a trouvé une façon d'amuser son petit frère.
Observe l'illustration. Qu'a fait Hoa ?

 # Des tours

As-tu déjà amusé un enfant plus jeune
que toi ? Si oui, qu'as-tu fait ?

1 a) Les tours roses sont-elles de la même hauteur ?

b) Combien faut-il de cubes roses pour construire
2 tours pareilles ?

2 Hoa et son frère peuvent-ils construire 2 tours
d'une même hauteur avec tous les cubes :

a) bleus ? b) jaunes ? c) rouges ? d) verts ?

 Peux-tu construire 2 tours d'une même hauteur avec 33 cubes ?

Situation 3

3 Hoa joue aux cartes avec son petit frère.

Elle partage le jeu de cartes en 2 paquets.

Peut-elle faire 2 paquets égaux avec :

a) 33 cartes ?   b) 24 cartes ?

4 Hoa veut savoir avec quelle quantité de cartes
elle peut faire 2 paquets égaux.

Sur une grille de nombres comme celle-ci, entoure
les nombres qui correspondent à ces quantités.
Que remarques-tu ?

1	2	3	4	5	6	7	8	9	10
11	12	13	14	15	16	17	18	19	20
21	22	23	24	25	26	27	28	29	30

Situation 3

5 Les nombres que tu as entourés sont des **nombres pairs**.

   a) Sans regarder ta grille, dis à une ou un élève les nombres que tu as entourés.

   b) Dis 5 autres nombres pairs.

Les nombres que tu n'as pas entourés sont des **nombres impairs**.

   c) En équipe, écris les nombres impairs entre 30 et 60.

6 Dans quel coffret chaque nombre va-t-il ?

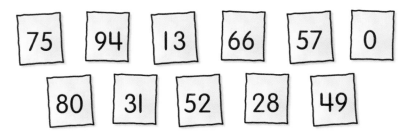

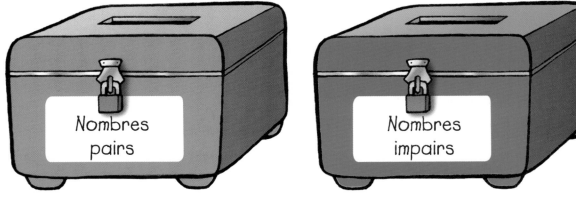

0 est-il un nombre pair ou impair ?

Avec 0 cube, tu peux faire 2 tours égales de 0 cube chacune.

Le nombre 0 est donc un nombre pair.

Situation 3

Connais-tu le jeu de marelle ? Léa et Camille ont inventé d'autres règles. À toi de les découvrir et de jouer à la marelle... d'intérieur !

La marelle d'intérieur

1 Lis les règles du jeu de marelle. Joue avec une ou un élève.

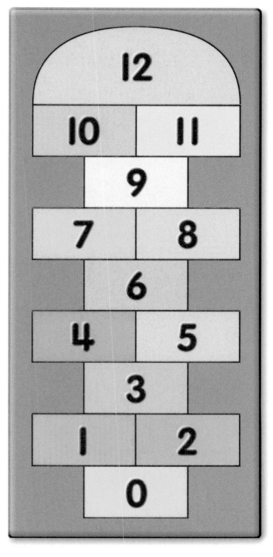

La marelle

Matériel :

- 13 jetons d'une couleur par personne ;
- 2 dés.

Quand c'est ton tour :

- Lance les dés. Effectue une addition ou une soustraction avec les résultats des dés.

Exemple :

$4 + 2 = 6$ **ou** $4 - 2 = 2$

- Pose un jeton sur la case qui correspond au résultat obtenu.

Le jeu se termine quand une personne a posé un jeton sur toutes les cases.

2 Léa et Camille ont joué une partie. Voici leurs résultats de dés. Peux-tu trouver une gagnante ?

Lancer	1	2	3	4	5	6	7	8	9	10	11	12	13	14
	3, 2	4, 3	6, 2	4, 1	4, 2	6, 2	3, 3	4, 2	6, 4	6, 5	2, 1	1, 1	6, 6	6, 3
	5, 2	6, 1	5, 1	6, 4	6, 2	4, 3	4, 1	5, 5	6, 3	3, 6	1, 1	6, 6	5, 3	5, 5

 Joue à la marelle d'intérieur avec d'autres élèves de ta classe.

Félix et Camille te proposent de jouer à la roulette.
Observe les illustrations. Lis les règles du jeu et joue une partie.

La roulette

Un des 5 plus petits nombres impairs.

Un nombre avec 0 à la position des unités.

Un nombre composé de 6 ou 7 dizaines.

Un nombre composé d'au moins 9 dizaines.

Un nombre compris entre 29 et 49.

Un nombre pair qui est inférieur à 22.

Fais tourner le trombone par une chiquenaude.

La roulette

Matériel :

- 45 cartes-nombres pigées parmi les cartes-nombres 0 à 100;
- 1 trombone et un crayon.

Répartir également les 45 cartes-nombres entre 5 joueurs.

Déterminer qui va commencer la partie à l'aide d'un dé.

Quand c'est ton tour :

- Fais tourner le trombone.
- Retire de ton jeu la ou les cartes qui correspondent à l'énoncé de la case où le trombone s'est arrêté.
  Les autres joueurs vérifient la ou les cartes jouées.

La partie prend fin quand une personne n'a plus de carte.

 Joue à la roulette avec d'autres élèves de ta classe.

Voici les cartes-nombres de Félix et ses amis.

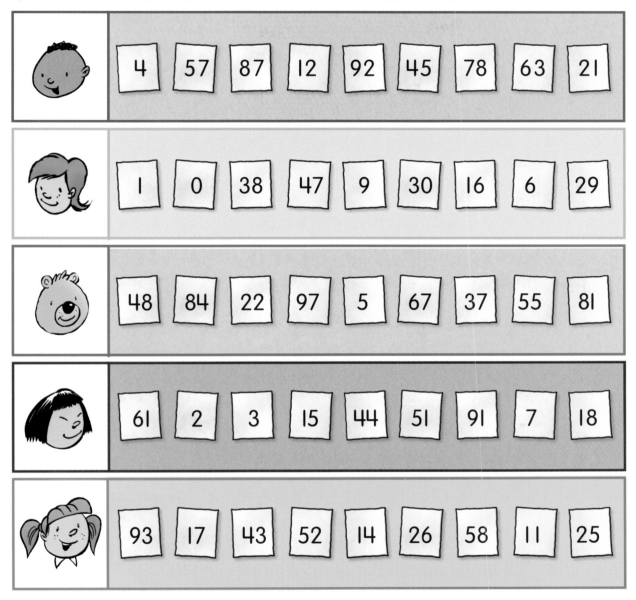

Avec ton équipe, trouve les cartes-nombres
qui correspondent aux énoncés suivants :

a) Les nombres avec 0 à la position des unités.

b) Les nombres composés de 6 ou de 7 dizaines.

c) Les nombres pairs qui sont inférieurs à 22.

d) Les nombres compris entre 29 et 49.

e) Les nombres composés d'au moins 9 dizaines.

f) Les 5 plus petits nombres impairs.

Situation 5

Révisons ensemble

● **Je sais reconnaître les nombres pairs et les nombres impairs.**

Dis seulement les nombres pairs.

| 24 | 10 | 51 | 74 | 92 | 83 | 39 | 46 | 65 | 77 | 18 |

● **Je sais ordonner les nombres de 0 à 100 dans l'ordre croissant et décroissant.**

Lis les nombres. Suis l'ordre décroissant.

| 87 | 98 | 69 | 25 | 76 | 5 | 40 | 36 | 100 |

● **Je connais les nombres de 0 à 99.**

a) Trouve le plus de nombres possible qui ont :

- au moins 7 dizaines;
- moins de 5 dizaines et qui sont impairs.

b) Vérifie tes connaissances sur les nombres. Utilise les cartes qu'on te remet.

AUTOUR DE MOI

◆ Fais une enquête auprès de tes amis. Demande-leur à quoi ils jouent pendant un pique-nique en famille. Présente tes résultats.

◆ Consulte des livres de jeux à la bibliothèque.

Révisons ensemble

● **Je connais les moments d'une journée.**

matin   avant-midi   midi   après-midi   soir   nuit

Indique à quel moment de la journée les activités suivantes ont lieu :

a) La récréation est à 10:00.

b) Je dîne à l'école.

c) Je fais de beaux rêves.

d) Je prends une collation après l'école.

● **Je suis capable de résoudre des problèmes.**

Observe la cible.
Avec 5 fléchettes, comment peux-tu obtenir :

a) 45 points ?

b) 25 points ?

c) 100 points ?

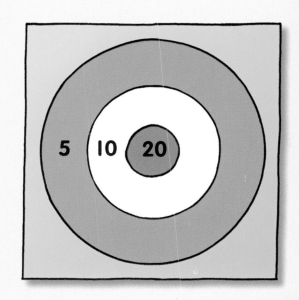

POUR T'AMUSER

Invente des jeux avec des nombres pour t'amuser avec tes amis.

◆ Tu peux utiliser des cartes-nombres et un dé.

◆ Tu peux inventer de nouvelles règles à un jeu que tu connais.

$10 + 7 = 17$

Mes repères

Je peux compter les objets un à un.

Je peux compter et comparer des quantités d'objets.

Mes repères

Je peux compter par bonds.

C'est utile de savoir compter.

Mes repères

Pour compter des objets, je les groupe par 10.

Quand je change les chiffres de position dans un nombre, je change la valeur du nombre. J'obtiens alors un nouveau nombre.

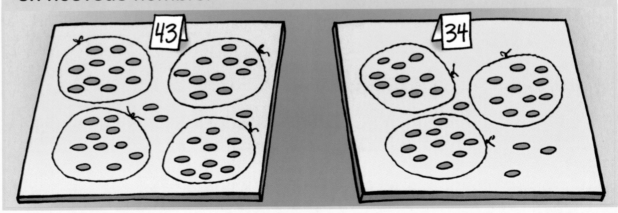

Comparer la valeur des nombres, c'est utile.

Mes repères

Je sais quand additionner et quand soustraire.

J'ai 13 cartes.

J'en donne 3.

Il me reste 10 cartes.

13 − 3 = 10

J'ai 5 cartes.

J'en reçois 3.

Maintenant, j'ai 8 cartes.

5 + 3 = 8

Mes repères

Je sais quand utiliser un diagramme.

Nous faisons une enquête.

Nous voulons savoir l'animal préféré des élèves.

Jus préférés des élèves (classe de Logibul)

Nombre d'élèves — Sorte de jus
Jus de tomate · Jus d'orange · Jus de pomme · Jus de raisin

Les adultes aussi utilisent les diagrammes.

Maman, quel renseignement y a-t-il dans ce diagramme ?

Les émissions de télévision préférées des adultes.

Mes repères

J'observe les faces des solides et je reconnais des figures géométriques.

Je vois des solides et des figures géométriques autour de moi.

Mes repères

Je peux mesurer la longueur d'un objet de différentes façons.

Mes repères

J'ai fait des expériences sur le hasard.

Il y a du hasard dans certains jeux.

Si tu obtiens 6, tu gagnes la partie.

Dans un tirage au sort, c'est le hasard qui décide.

Le prix de présence va au numéro 124.

Contenu disciplinaire (répartition)

Le premier chiffre renvoie à un thème; le second, à une situation d'apprentissage.

L'astérisque (*) indique que, dans certaines situations d'apprentissage, une notion peut ne pas être vue explicitement dans le manuel mais l'être par le biais du guide pédagogique.

Les symboles reliés aux nombres et aux opérations ainsi que les mots de « vocabulaire » sont introduits aux moments opportuns et réutilisés dans les thèmes qui suivent.

Sens et écriture des nombres naturels (inférieurs à 100)

Classification : 2.1, 2.2, 12.1, 12.2, 12.3, 12.5

Comparaison : 1.1, 1.5, 4.6, 9.4, 10.5, 11.3

Comptage : 1.4, 2.3, 2.4, 3.3, 4.5, 4.7, 6.1, 6.3

Décomposition : 9.1, 11.5

Dénombrement : 2.4, 4.5, 4.7, 5.1, 6.1, 7.1, 7.3, 9.6, 11.6*

Estimation (approximation) : 5.1, 6.2, 8.2, 11.1, 11.6

Lecture et écriture :
    chiffres : 1.6*, 2.3*
    groupements par dix : 3.5, 4.7, 5.1, 7.3, 8.2, 9.3, 11.3, 11.6
    nombres : 3.1*, 4.5, 6.3, 12.1, 12.2, 12.5

Ordre : 3.1, 4.5, 6.3, 8.2, 9.6, 11.5, 11.6, 12.1

Propriétés :
    pair, impair : 12.3, 12.5

Régularité : 4.5, 6.3*, 8.2, 9.6, 11.1, 12.1, 12.2*

Représentation : 2.2, 2.3, 3.3, 3.5, 3.6, 4.5, 5.4, 6.4, 7.2, 7.3, 8.1, 8.2, 12.3

Sens des opérations sur des nombres naturels

Addition (sens) :
    ajout : 2.3, 2.4, 3.2, 5.4, 8.1, 9.2, 11.3
    réunion : 3.3, 9.2, 10.3, 12.2
    somme : 4.4*, 10.5

Choix de l'opération : 7.6, 8.1, 9.2, 11.3, 11.6

Commutativité : 2.3*, 3.3*, 4.4*, 6.3*, 7.6*, 9.1*, 12.4*

Complémentaires : 2.3, 3.2, 3.3, 4.4*, 6.3, 12.4

Équation : 11.3, 11.5

Relation d'égalité (sens) : 8.1

Relation entre les opérations : 8.1

Soustraction (sens) :
    retrait : 3.3, 3.6, 6.4, 7.2, 8.1, 9.2, 11.3

Terme manquant : 8.1

Opérations sur les nombres naturels

Calcul écrit, processus personnels : 9.3*, 11.5, 11.6

Calcul mental, processus personnels : 7.6, 9.3*, 10.5, 12.4

Calculatrice : 10.4, 11.5

Régularités, suite de nombres : 4.5, 7.6, 10.3, 11.3

Répertoire mémorisé : 4.4*, 6.3*, 7.6, 8.1*

Figures géométriques et sens spatial

Espace :
    relations spatiales : 1.2, 1.3, 7.1
    repérage d'objets et de soi dans l'espace : 1.2, 1.3, 7.1, 11.4

Figures planes :
    comparaison et construction : 5.2, 8.4, 10.2
    description : 5.2, 8.4
    identification : 4.3, 5.2, 6.1, 8.4, 9.2, 10.2*
    lignes courbes, fermées : 10.2

Frises et dallages :
    figures isométriques : 8.4
    observation et production de régularités à l'aide de figures géométriques : 4.3, 6.2

Solides :
    comparaison avec des objets de l'environnement : 3.4, 4.1, 4.2
    comparaison et construction : 3.4, 4.2, 10.2

Mesures

Estimation (approximation) : 5.3*, 9.5*

Instrument de mesure approprié : 9.5, 11.1*

Longueur :
    cm (symbole) : 9.5, 10.1, 10.6, 11.6
    construction de règles : 5.3, 9.5
    dimension d'une figure : 9.5
    m (symbole) : 8.3*
    unités conventionnelles (mètre, centimètre) : 8.3*, 9.5, 10.1, 10.6, 11.6
    unités non conventionnelles : 5.3, 9.5

Sens de la mesure : 5.3, 9.5, 10.1

Temps :
    codage de l'heure : 11.1, 11.2
    cycle hebdomadaire : 9.6, 10.1, 11.4
    cycle quotidien : 1.6, 10.1, 11.2, 11.4
    durée : 11.1, 11.2
    unités conventionnelles (jours, heures, minutes) : 3.1, 6.1, 9.6, 11.1, 11.2

Phénomènes aléatoires

Expérimentation d'activités liées au hasard : 7.4, 7.5, 12.1, 12.2, 12.4, 12.5

Prédiction d'un résultat : 7.4, 7.5

Statistique

Interprétation des données :
    diagramme à bandes : 6.5, 10.6
    tableau : 1.7, 7.6, 9.6, 10.5, 11.2, 11.5, 11.6, 12.4

Représentation des données :
    diagramme à bandes : 6.5, 8.3*, 10.6

Culture disciplinaire

Figures géométriques :
    contexte interdisciplinaire ou social (art, décoration, etc.) : 4.1, 4.2, 4.3, 6.1, 10.2

Mesures :
    systèmes de mesure (aspect historique) : 5.3

Nombres :
    contexte social (date, numéro, prix, quantité, etc.) : 3.1, 3.3, 6.1, 7.1, 8.1, 9.1, 11.1

Conseils pour résoudre un problème

Je comprends le problème.

- Je me demande ce que j'ai à faire.

> Je lis le problème.
> Je redis le problème dans mes mots.
> Je me répète la question.

Je fais la tâche.

- Je cherche comment faire.
- Je me rappelle des stratégies.
- Je me rappelle ce que j'ai appris.
- Je commence la tâche.

> Je vais utiliser des cubes.

Quand j'ai terminé :

- Je me demande ce que je cherchais.
- Je regarde si ma solution a du sens.
- Je me demande si je pouvais procéder d'une autre façon.

> Je vais t'expliquer comment j'ai fait.

Mes stratégies

Pour comprendre un problème :

- J'utilise des stratégies de lecture.
- Je me représente le problème dans ma tête.
- Je redis le problème dans mes mots.
- Je représente la situation à l'aide d'un dessin, d'un mime, etc.

Pour résoudre un problème :

- Je fais des essais et des vérifications.
- Je représente les données du problème à l'aide de matériel.
- Je laisse des traces de ma démarche.
- Je présente un travail propre, lisible et complet.

Je révise et j'évalue ma démarche.

- Je relis la consigne.
- Je vérifie si ma réponse est possible.
- Je vérifie le résultat.
- Je me demande si une autre stratégie est plus appropriée.